Schule braucht Gefühl

Kinder kreativ-therapeutisch fördern

Waltraut Barnowski-Geiser

Affe**n**
könig ▪

Waltraut Barnowski-Geiser

Schule braucht Gefühl

Kinder kreativ-therapeutisch fördern

Neukirchen-Vluyn:

Affenkönig Verlag 2010 / 1. Auflage

ISBN 978-3-934933-30-9

© 2010 Affenkönig Verlag, Neukirchen-Vluyn

Alle Rechte vorbehalten

Lektorat: Udo Baer, Neukirchen-Vluyn

Satz: TRITUM, Jena

Umschlaggestaltung: TRITUM, Jena

Druck: Druck Partner Rübelmann GmbH, Hemsbach

Waltraut Barnowski-Geiser, Dr. sc. mus., Musiktherapeutin, Kreative Leibtherapeutin/HP Psychotherapie und Lehrerin, arbeitet heute als Schultherapeutin und Lehrerin in der Gesamtschule Rheydt-Mülfort sowie in ihrer Praxis KlangRaum in Erkelenz. Knapp drei Jahrzehnte sammelte sie Erfahrungen in unterschiedlichen Schulformen der Sekundarstufe I und in Musikschulen. Sie leitet therapeutische Ausbildungsgänge sowie den Fachbereich Kinder- und Jugendlichentherapie an der Zukunftswerkstatt *therapie kreativ*, hier auch wissenschaftliche Leitung des Bereiches Suchtbelastung im Projekt „Drachenflug" (für Kinder psychisch oder suchterkrankter Eltern). Lehrbeauftragte der Universität zu Köln, Prorektorin der Semnos-Akademie für leiborientierte Forschung und Bildung, Autorin mehrerer Bücher.

„ Wenn die Therapie nicht in der Schule gewesen wäre, wäre ich nie hingegangen. Ich glaub, das hätte dann ein ziemlich übles Ende mit mir genommen. "

Sammy, Schüler der 8. Klasse

Inhalt

Gedanken vorab   **8**

1   Kinder in Not – Schule in der Krise   **12**
1.1   Schule und der Verlust der Seele   12
1.2   Der Kontext der Schulkrise   14
1.3   Den Krisen begegnen – schulisches Krisencoping   16
1.4   Die 10 Fallen in der schulischen Krisenbewältigung   16
      „Alle Kinder brauchen ...“ –
      die Pauschalisierungsfalle   17
      „Wir müssen jetzt nur!“ –
      die Vereinfachungsfalle   17
      „Es ist doch gar nichts!“ –
      die Verleugnungsfalle   18
      „Von Guten und Bösen!“ –
      die Spaltungsfalle   19
      „Wir können da gar nichts machen!“ –
      die Resignationsfalle   19
      „Wir brauchen schnelle Lösungen“ –
      die Aktionismusfalle   20
      „Alle Kinder werden scheitern!“ –
      die Dramatisierungsfalle   21
      „Früher war alles besser!“ –
      die Konservatismusfalle   21
      „Einfach nur hart durchgreifen!“ –
      die Härtefalle   22
      „Kinder brauchen ausschließlich ...!“ –
      die Ideologisierungsfalle   23
1.5   Eine „ganz normale“ Woche – aus dem Alltag
      einer Schultherapeutin   23
      Telefonate, Konferenzen, Dokumentationen –
      der „freie“ Montag   24
      Von klein-großen Ängsten und Nöten – Dienstag   27
      „Gut, dass du dran bist!“ – Mittwoch   30
      „Lachen hilft!“ – Donnerstag   33
      „Du musst auf dein Herz hör`n!“ – Freitag   41

       Nachklang und Ausblick   44

1.6   Perspektivwechsel: Was zu tun ist und was wir
       getrost lassen dürfen   45

**2   Das KreTAS-Konzept – Kinder fördern
      durch kreative Therapie in der Schule   48**

2.1   Zur Verbreitung kreativtherapeutischer Arbeit
      in Schulen   48

2.2   Theoretische Grundlegung   50
      Pädagogik-Kunst -Therapie: Mehrperspektivität   50
      Neurowissenschaftliche Erkenntnisse und
      das KreTAS-Konzept   51
      Die leiborientierte Ausrichtung des
      KreTAS-Konzeptes   58
      Wenn Worte nicht reichen – der spezifische
      Nutzen kreativer Therapie für Schüler/innen   60
      Therapeutisches und pädagogisches
      Selbstverständnis im Zusammenklang   61
      Leiborientierte Diagnostik im System Schule   64

2.3   „KRASS" – die 5 Bausteine des
      KreTAS-Konzeptes   66
      Baustein Kreativität – *„In den Bildern konnte mein
      Körper erzählen, was ich sonst nicht sagen kann."*   66
      Baustein Ressourcenstärkung – *„Ich bin einfach
      nicht mehr so schlecht drauf!"*   68
      Baustein Anklang – *„Sich mal aussprechen können
      und dass jemand zuhört – das hat geholfen!"*   69
      Baustein Selbst-Bewusst-Sein – *„... einfach sein,
      wie ich bin!"*   71
      Baustein Schul- und System-Nähe – *„Wenn man
      die nicht aus der Schule kennt, die Therapeuten,
      dann geht man da nicht hin."*   72

2.4   Organisationsstruktur   75

2.5   Qualitätssicherung, Evaluation und Beratung   79

2.6   KreTAS: was Schüler/innen dazu sagen   80
      *„Irgendwie ist alles jetzt sinnvoller in
      meinem Leben."*   81

„*Früher war ich voll depri!*"   84
„*Wenn es Kindern besser geht, können sie sich
besser konzentrieren!*"   86
„*Ich bin einfach nicht mehr so schlecht drauf!*"   88

**3   Lebensraum-Begegnungsraum – Besonderheiten
         der Arbeit im System Schule   90**
3.1   … und alle schwingen mit!   die leiborientierte
        Sicht auf Kinder im Erlebensraum Schule   91
3.2   Grundlagen der KreTAS-Arbeit im System
        und Erlebensraum Schule   95
3.3   Krise als Chance – der Nutzen
        kreativtherapeutischer Arbeit in Schulen   102

**4   Vision Schultherapie – Wünsche an einen
         unmöglichen Beruf   105**

Wichtiges zum guten Schluss   109

Anhang   110
1   Udo Baer: Evaluation   110
2   Das Angebot   111
3   Erfahrungen und Ergebnisse   114
        Rückmeldungen: die Schüler/innen   114
        Rückmeldungen: Schulleitung und Lehrer/innen   118
        Rückmeldungen: die Therapeutin/Lehrerin   120

Literaturverzeichnis   122

Gedanken vorab

Ich befinde mich seit knapp drei Jahrzehnten an einem der bedeutungsvollsten Orte unserer Gesellschaft: Ich arbeite, wie viele meiner Kolleginnen und Kollegen, in der Schule. Ich beschäftige mich folglich, ich mag es hier volkswirtschaftlich ausdrücken, mit der wichtigsten, kostbarsten und nachhaltigsten Ressource, die wir in diesem Land hüten dürfen: unsere Kinder. Ich betone gerade diesen Aspekt am Anfang dieses Buches, da ich während meiner knapp dreißigjährigen Tätigkeiten in Schulen bislang nicht bemerkte, dass dieses kostbare Gut, das sich entwickelnde einzigartige Individuum, der kleine Mensch mit Körper, Seele und Geist, wirklich im Zentrum aller durchaus vorhandenen Bemühungen stünde. Schule wird augenblicklich getadelt, gescholten und neuerdings auch hochgelobt, eigene Schulerfahrungen von Eltern werden ebenso zum Konzept erhoben wie wissenschaftliche Erkenntnisse undifferenziert auf das Feld Schule angewendet, statt die Zeit zu nutzen, endlich herauszufinden, was das einzelne Kind, seine kindliche Seele wirklich braucht.
Ich arbeite in der Schule als Therapeutin und Lehrerin. Besonders in der ersten Funktion beschäftige ich mich mit Kindern, die sich nicht gut fühlen, bei denen es gerade nicht gut läuft, bei denen irgendetwas klemmt, was das Lernen, das Befinden oder das Miteinander erschwert.

„Was hat denn Therapie mit Schule zu tun?", fragte mich der Schulleiter verwundert und beinahe argwöhnisch, als ich Mitte der 90er Jahre von meinem Ansinnen, neben meinem Lehrerberuf Musiktherapeutin zu werden, berichtete. Als ich meine kreativtherapeutische Ausbildung begann, hatte dies einen Auslöser in zunehmender Unzufriedenheit mit meinem Lehrerinnen-Dasein. Ich nahm zur Kenntnis, dass zahlreiche Schülerinnen (zum damaligen Zeitpunkt arbeitete ich als Lehrerin für Musik und

Deutsch in einer Realschule) förmlich in einem Teufelkreis des Versagens festzustecken schienen: Viele hatten emotionale und soziale Probleme, die sie zusätzlich in ihrem Lernverhalten stark beeinträchtigten und sie zugleich allein in großem Unglück zurückließen: Persönliche Probleme führten neuerlich zu Lernschwierigkeiten, aus den Lernschwierigkeiten ergaben sich neuerlich persönliche Probleme etc. – ausweglos erscheinende Teufelskreise. Mir begegneten etwa Kinder, eigentlich recht klug wirkend, die schulisch deutlich unter ihren Leistungsmöglichkeiten blieben und die Einrichtung Schule eher freudlos besuchten. Andere zeigten sich leistungsstark, machten jedoch einen sehr unglücklichen Eindruck, da sie offenbar von anderen Dingen belastet waren, die nichts mit dem Schulalltag zu tun hatten. Manchmal erzählten sie mir in den in der Schule so verbreiteten „Tür- und Angelgesprächen" von Schicksalsschlägen und großen Sorgen, mit denen ich mich in meinen zeitlichen Spielräumen und meiner pädagogischen Kompetenz überfordert fühlte. Für diese Aspekte gab es in meinem damaligen Schulsystem keinen Raum und keine Zeit, obwohl sich alltäglich große Notwendigkeit und Bedürftigkeit zeigte. Dies fand ich bedauerlich, ehrlich gesagt, machte es mich ziemlich oft sogar wütend, wertvolle Arbeit nicht tun zu können. Mein pädagogischer Alltag stimmte mich, obwohl ich, an gängigen schulischen Kriterien gemessen, erfolgreich arbeitete, oft resignativ. Tagtäglich begegneten sich für viele Stunden Menschen, Lehrer/innen und Kinder, aber die Chance, sie dort weiterzubringen, wo es eigentlich gerade nötig wäre, nämlich in ihrer seelischen Not, wurde nach meinem Eindruck bei allem Bemühen nicht ergriffen. Bildlich gesprochen gewann ich den Eindruck, dass ein Haus eingestürzt war und man mit den Renovierungsarbeiten begann, indem man eine schöne Farbe auf eine Wand im Obergeschoss zu malen versuchte, ohne sich um die Sanierung und Festigung der Grundmauern, also um den Kern der Problematik, zu kümmern. So forderte man etwa immer mehr an Lernleistung ein, ohne tragfähige Konzepte, wie Kinder voller Probleme denn überhaupt lernfähig werden könnten, anzubieten.

Ich arbeite nun seit mehr als 10 Jahren kreativtherapeutisch in der Schule, inzwischen mit großer Selbstverständlichkeit, mit positiver Annahme auf Seiten von Schülerinnen, Lehrer/innen und Schulleitung, und nicht ohne Schwierigkeiten – ich erlebe mein Tun als sinnvoll. Inzwischen sind es immer mehr Menschen, die das Arbeitsfeld Schule als notwendiges therapeutisches Arbeitsfeld entdecken. Aus Supervisionen und Ausbildungsgruppen angehender Therapeut/innen bekomme ich große Begeisterung und Enthusiasmus mit, sich jungen Menschen in Schulen helfend zuzuwenden, und auch die großen Probleme, die dieses besondere Arbeitsfeld ausmacht. Die Pisaergebnisse zeigen uns, neben Fragwürdigem, Notwendigkeiten zur individuellen Förderung, Amokläufe mahnen m. E., neben zurückbleibender und schwer zu überwindender Fassungslosigkeit, brachial an, sich Schüler/innen und Lehrer/innen als das zuzuwenden, was sie sind: Menschen mit Leib und Seele, fühlende Wesen, nicht Lernmaschinen. Gerade jedoch die Bereiche der emotionalen und sozialen Förderung sind Brachland, erfordern neuartige und andere Zugänge über gängige pädagogische Ansätze hinaus. Dies erfordert neuartiges Denken an verschiedenen Schaltstellen. So wie Schule an diesem Punkt meines Erachtens neu gedacht werden muss, muss auch Therapie breiter und anders aufgefasst werden, soll sie helfend wirken. Hier geht es nicht primär um klassische ICD10-Diagnostik, sondern die Leiden und Notwendigkeiten des Systems schreiben individuelle neue Fokussierungen und pragmatisch-zügige unkonventionelle Hilfen vor. Eine Antwort auf die beschriebenen Probleme kann kreativtherapeutische Arbeit in Schulen sein, wie die positiven Erfahrungen in der Gesamtschule Rheydt-Mülfort zeigen: Kreative Therapie wurde in den letzten 10 Jahren in unserer Schule ein zentraler Teil der individuellen Förderung von Schülerinnen, indem wir Kindern helfen, Dinge zu bewältigen, die gerade anstehen – auch abseits des Lernstoffes. Dies bedeutet, insbesondere einen geschützten Raum anzubieten für das, was Kinder fühlen. Erst dadurch kann oftmals wieder eine angemessene Teilnahme am Unterricht und sozialen Geschehen einer Klasse möglich werden. Zentrale Aspekte, die in dieser 10jährigen Arbeit gewonnen wurden, habe ich sukzessiv zum KreTAS-Konzept (**Kre**ativ-**T**herapeutische **A**rbeit in **S**chulen) zusammengefasst.

Ich möchte mit diesem Buch nicht weitere Schreckensszenarien entwerfen und Pauschalratschläge erteilen. Ich schreibe dieses Buch in der Hoffnung, dass mehr Menschen die Chance, Kindern auf ihrem schwierigen Weg in ihr Leben zu helfen, ergreifen mögen. Eltern, indem sie die für die Individualität ihrer Kinder geeignete Schulen suchen, Lehrer/innen, die nicht müde werden, unkonventionelle Wege gehen, Schulverwaltungen, die bereit sind, Neues zu probieren und finanzieren, Therapeut/innen, die nicht starr an praxisfernen Ideologien oder zementierten Kriterien eines längst überkommenen Gesundheitssystem festhalten, sondern ihr Wissen klientenzentriert in den Dienst von Kindern und Schulen stellen. Lehrer/innen dürfen bei der Gestaltung des Lebensraumes von Kindern nicht allein gelassen werden.

Schule ist der Ort, an dem wir jedem Kind dieser Gesellschaft begegnen können und es fördern dürfen. Ein Stätte der Kontinuität, „in einer Welt, in der nichts sicher scheint", wie es in dem Liedtext der Popgruppe Silbermond heißt. Ich bin sicher, dass in Schulen viel Kompetenz lebt, auf Seiten von Schüler/innen und Lehrer/innen, Kompetenz, die sich zeigt und entwickelt, wenn Kinder (ebenso ihre Lehrerinnen und Lehrer) dort endlich abseits von pauschalisierten Wertungen und Entwertungen geachtet werden als das, was sie sind: Wesen mit subjektivem Empfinden und individuellen Gefühlen.

1

Kinder in Not – Schule in der Krise

Immer mehr Schüler/innen zeigen problematisches Verhalten, soziale Auffälligkeiten, familiäre Belastungen oder/und Störungen, die dringend der Hinwendung über das pädagogisch leistbare Maß hinaus bedürfen. Fast jedes 5. Kind in Deutschland leidet zeitweise oder dauernd an behandlungsbedürftigen psychischen Problemen und Störungen (Frohne-Hagemann/Pleß-Adamczyk 2004). Diagnostische Arbeit nimmt in der Therapie mit Kindern und Jugendlichen zeitlich einen deutlich größeren Raum ein, tatsächliche Hilfen und Therapieplätze für Kinder und Jugendliche sind in Deutschland knapp. Nicht einmal 10 Prozent des bundesweiten Bedarfs ist durch ambulante Therapien abgedeckt (Frohne-Hagemann/Pleß-Adamczyk 2004; Barnowski-Geiser 2006).

1.1   Schule und der Verlust der Seele

Beim Betreten einer Schule fällt erwachsenen Besuchern zunächst auf, wie viele Gefühle toben. Hier ein ängstliches Weinen, dort ein zorniges Schreien, ein freudiges Lachen. Zugleich ist das kindliche Fühlen wenig Gegenstand der schulischen Arbeit. Erst in jüngerer Zeit wird der Bereich Emotionalität ausdrücklich als ein Bereich der Förderkompetenzen aufgeführt. Die kindliche Seele, das, was Kinder fühlen und ihnen innewohnt, kommt zu kurz. Die Seele, oft auch als Psyche bezeichnet, kommt in Schulen in der Regel erst zur Sprache, wenn extreme Störung es unmöglich machen, sie zu übersehen. „Wenn Schüler/innen klagen, dann emotional: Sie fühlen sich übersehen, gemobbt, geängstigt, verloren. Wenn Lehrer/innen klagen, dann emotional: Sie fühlen sich überfordert und im Stich gelassen, angegriffen und missachtet, hilflos und zornig. Wo aber haben die Gefühle in der

Schule ihren Platz? Wo in der Lehrer/innenausbildung?" (Baer/Frick-Baer 2008c, S.176) Solange in der einseitigen Wertschätzung von Verstand und Vernunft der Kopf zur heiligen Ikone deklariert wird, Gefühle dagegen als ungute Vorboten von Pest und Cholera, zum Ausdruck von Schwäche und Instabilität degradiert werden, solange haben Kinderseelen in Schulen wenig Chance. Schule läuft so Gefahr, ein Ort kollektiver Verdrängung des Seelischen zu werden. Dies macht auf den ersten Blick, optimale Kognition anstrebend, durchaus Sinn, erscheinen Gefühle doch wenig rational und steuerbar, wirken unkontrollierbar, passen sie doch kaum in einen definierbaren Rahmen operationalisierter Zielvorgaben und quantitativer Evaluation, entzieht sich ihre Subjektivität und Individualität doch der mathematisch-wissenschaftlichen Berechnung. Doch kollektives Verdrängen des Seelischen hat Folgen. Das Seelische, das übergangen wird, bahnt sich seinen Weg auf andere Art an die Oberfläche. Tobende Gefühlswelten, die unerhört bleiben, Kinder, die mit ihrem Fühlen alltäglich ins Leere laufen, drohen, emotionale Eiszeiten durchlebend, zu verrohen und ihr Mitgefühl für sich und andere zu verlieren und damit letztlich ihre Neugier an sich und anderen. Sie verlieren die Motivation, Neues zu erleben und erfahren, sie verlieren die Lust am Lernen und an Weiterentwicklung, sie verlieren einen zentralen Teil ihres Menschseins. Ihr Verhalten und Erleben wird in der Folge unerkannt und unbewusst sogar extrem gesteuert durch diesen verdrängten Subtext des Seelischen. In der Folge wird Unterricht zu einem freudlosen, teils qualvoll erlebten Muss, durch das die tragischer Weise Beteiligten irgendwie „durchmüssen" – qualitative Messlatte desselben ist allenfalls, ob Testungen im Anschluss gute Ergebnisse zeigen.

Schülerinnen unseres Jahrhunderts sind durch den Geist ihrer Zeit geprägt: Die Welt, in der sie leben, hat große Veränderungen erfahren, nicht zuletzt durch Globalisierung, Computer- und Medienomnipräsenz sowie Werteverschiebungen in Richtung einer stark wirtschaftsorientierten Ausrichtung. Das ist für Denken und Fühlen, für Körper und vor allem für Seelen vom Kindern nicht folgenlos geblieben. Schule kann, will sie ihrem Auftrag, erfolgreich zu lehren, wirklich gerecht werden, an der kindlichen Seele nicht mehr vorbei. Erfolgreiches Lernen gilt einerseits als Minimalvoraussetzung für ein wirtschaftlich und emotional erfülltes Leben, andererseits wird eben dieses Lernen durch weit mehr Faktoren als elterliches oder kindliches Wollen bestimmt. In eine ruhig wartende Klasse gehen und „einfach" unterrichten, wie es ältere Kolleg/innen fast neidisch bestaunt schildern, ist heute in vielen allgemeinbildenden Schulen nicht mehr möglich. Aktuelle Buchtitel spiegeln Krisen und Kampfszenarien. Ob vom Überlebenskampf in Klassenzimmern (Langer 1994), von schlechten Schüler/innen zwischen hilflosen und schlagenden Lehrern (Kühn 2007), von Schulkatastrophe und Schulversagen (Singer 2008), von infamen Bildungslügen, grassierender Schulangst oder roher Gewalt (Hurrelmann/Bründel 2007) die Rede ist, Schlagzeilen dokumentieren kriegerisch anmutende Szenerien, Ungutes von nicht einmal mehr unblutigen Schulfronten vermeldend, bei denen uns Angst und Bange werden kann.

1.2 Der Kontext der Schulkrise

Was ist los in deutschen Schulen? Mit Bauer lässt sich zurecht fragen: „Was ist das für ein Lebensraum, in dem, so repräsentative, von Ärzten durchgeführte Studien, über fünfzig Prozent aller schulpflichtigen Kinder und Jugendlichen gesundheitliche Beschwerden haben, in dem über fünfzehn Prozent aller Schüler von ‚harten' psychischen Störungen betroffen sind und die Gewalt zunimmt, sowohl jene, von der Jugendliche betroffen sind, als auch jene, die von Jugendlichen ausgeht?" (Bauer 2007, S. 12) So wesentlich Bauers Blick auf die „Störungsseite" sein mag: Diese Störungen in den unguten Zusammenklang zu stellen, dass Schule allein Erzeugerin eben dieser wäre, würde zu kurz greifen. Der Lebensraum von Kindern zeigt sich nicht nur durch Schule bestimmt, sondern durch zahlreiche andere maßgebliche Faktoren, vor allem auch durch ihre Familien, ihre Altersgruppe, die Medien- und Computerwelt und gesellschaftliche Rahmenbedingungen.

Immer weniger Kinder verfügen über verlässliche und kontinuierliche Beziehungserfahrungen in ihrer Kernfamilie. Gesamtgesellschaftliche Veränderungen führen dazu, dass Kinder und Jugendliche immer früher auf sich selbst gestellt sind: So werden sie oft schon früh zum „Kleinunternehmer in Sachen Lebensführung" (Metzmacher et al. nach Frohne-Hagemann/Pleß-Adamczyk 2004).

Eltern selbst zeigen immer häufiger Defizite und Störungen in den Bereichen der Selbstentwicklung und Bezogenheit, sie haben Schwierigkeiten, sich der Erziehung ihrer Kinder zu widmen. Immer mehr Eltern haben seelische Probleme, sie leiden an den Folgen von Arbeitsplatzverlust, sozialen Nöten, Trennungen und Beziehungsproblemen. „Häufig parentifizieren Eltern ihre Kinder, betrachten sie als eigenen Elternersatz." (Frohne-Hagemann/Pleß-Adamczyk 2004, S.22) Nahezu 3 Millionen Kinder haben alkoholabhängige Eltern, mehrere Millionen drogenabhängige und spielsüchtige Eltern, knapp 2 Millionen Eltern sind psychisch krank usf.. Zugleich konsumieren immer mehr Jugendliche immer früher Drogen und Medikamente und das in bedrohlich exzessiver Form, wenn wir an das Phänomen des sich verbreitenden Komatrinkens denken. Kinder und Jugendliche leiden unter Essstörungen und AD(H)S usw. In der Suche nach Verantwortlichkeit werden unterschiedliche Kausalitäten bemüht. Von hohem Medienkonsum bis zur ökologischen Katastrophe, von der Fehlernährung bis zum falschen Medikament, von Elternversagen bis zu Lehrerunfähigkeit ergibt sich ein breites Kaleidoskop der Schuldzuschreibungen. Wie auch immer diese Fakten zu interpretieren sein mögen, fest steht:

1. Immer mehr Schüler/innen befinden sich in inneren und äußeren Nöten, in denen sie nicht rechtzeitig geeignete Hilfen erfahren.
2. Auf diesem Hintergrund (man geht von 4 bis 5 stark verhaltensauffälligen Schüler/innen in jeder Klasse einer allgemeinbildenden Schule aus) ist in vielen Klassen das Unterrichten und Aufnehmen von Lernstoff massiv behindert und beeinträchtigt.
3. Immer mehr Lehrer/innen leiden an den Lebens- und Arbeitsbedingungen in Schulen bei gleichzeitiger innerschulischer

Tabuisierung dieses Ist-Zustandes. Burn-Out und andere psychosomatische, psychische und somatische Erkrankungen, eine hohe Zahl an Frühpensionierungen dokumentieren folgenschwere Auswirkungen einer von vielen als untragbar erlebten Situation, für die Lehrer/innen weder geeignet ausgebildet wurden noch fortgebildet werden. Sie erfahren ebenfalls vielfach keine ihnen gemäße Zuwendung oder allenfalls zu spät.

Es ist nicht mehr zu übersehen: immer mehr Kinder befinden sich in inneren und äußeren Notlagen und damit auch die Institution Schule.

1.3 Den Krisen begegnen – schulisches Krisencoping

Lassen Sie uns einen Blick aus therapeutischer Sicht auf die Krisensituation in Schule wagen. Jede Krise ist in diesem Verständnis eine existentiell bedrohlich erlebte Erfahrung, die, gerade, wenn sie länger andauert, Folgen hat: Krisen können archaische Gefühle wie Wut, Angst und Erstarrung in betroffenen Menschen erzeugen, Hocherregung und Dauerspannung, chronische Überforderung und krankmachenden Stress auslösen. Dies kann existentiell bedrohlich erlebt werden. Copings, individuelle Bewältigungsstrategien, mit Krisen umzugehen, werden entwickelt.

Copings, die fern schulischer Praxis entstanden sind, dürfen nicht zum allgemeinen Konzept für die Schulen erhoben werden – das hilft den Menschen, insbesondere den Kindern in ihrer individuellen Bedürftigkeit wenig!

1.4 Die 10 Fallen in der schulischen Krisenbewältigung

Die nachfolgende Zusammenstellung von Fallen entstammt der Literatursicht, Dokumentationen narrativer Sequenzen aus Therapie und supervisorischer Arbeit mit Eltern und Kolleginnen sowie deren Auswertung. Sie beansprucht weder Anspruch auf Vollständigkeit noch unterstelle ich, dass sie in „Reinform" auftreten, sie mag jedoch spiegelnde Hinweise geben.

„Alle Kinder brauchen …" – **die Pauschalisierungsfalle**
Wenn Menschen Krisen erfolgreich bewältigt haben, sind sie glücklich und froh. Oftmals neigen sie dann dazu, die gefundene Lösung auf andere Menschen zu übertragen, ihr Coping zu einem allgemeingültigen erheben zu wollen. Allzu oft lässt sich inzwischen der Eindruck gewinnen, dass es eine einzige Lösung für alle Kinder in Schulen gäbe. Alle Kinder brauchten demnach mehr Anforderung, alle mehr Leistungsdruck, alle brauchten die harte Hand, oder alle hätten Ängste und brauchten andere Lehrer/innen etc. … Wir werden nicht umhinkommen, uns auf den Weg zu machen, abseits von Patentrezepten die Individualität jedes einzelnen Kindes in den Blick zu nehmen, wenn wir nicht Gefahr laufen wollen, dass Millionen von Steuergeldern neuerlich vertan werden, weil Kinder etwas angeboten bekommen, was sie speziell nicht einmal brauchen. Es ist unsinnig, Verhaltenssanktionen zu propagieren, also mehr Druck zu machen, wo ein Kind schon völlig unter Druck steht. Es ist unsinnig, von Angst aller Kinder vor ihren Lehrer/innen zu sprechen, wo bei vielen das Gegenteil der Fall ist. Wir müssen herausfinden, was die Seele des einzelnen Kindes braucht – das erfordert Achtsamkeit, Zeit und Raum, oftmals professionelle Unterstützung, somit individuelle Zuwendung abseits des „Main-Streams".

„Wir müssen jetzt nur!" – **die Vereinfachungsfalle**
Eine andere Krisenbewältigungsstrategie finden Menschen in der Vereinfachung von komplizierten Tatbeständen. „Wir müssen jetzt nur …" – multiple Sätze mutieren zur angeblich wirksamen Rezeptur für den kranken Schulpatienten: Wir müssen nur den Frontalunterricht aufgeben, wir müssen nur die Ernährung verändern, nur täglich Sportstunden anbieten usf. Die Dinge in der Schule sind nicht einfach, sondern vielschichtig. So wie es durchaus Lehrer/innen gibt, die Schwierigkeiten im Unterricht haben, die in ihrer persönlichen Kompetenz begründet liegen, gibt es ebenso viele, die sehr kompetenten attraktiven Unterricht gestalten, der von Kindern aus schwierigen häuslichen Verhältnissen von Kindern mit Verhaltensauffälligkeiten und sozialemotionalen Schwierigkeiten mit Füßen getreten wird.

„Wir müssen jetzt nur gute Lehrer sein, dann …" Die These, dass ein guter Lehrer keine Probleme im Unterricht habe, ist gestrig. Sie gilt unter den geänderten Bedingungen dieses Jahrhunderts mit einer Anhäufung von Kindern, mit denen es schwierig ist, nicht mehr oder nur eingeschränkt.

„Lehrer müssen nur Begabungen im Kind freilegen!" – man wird Kindern kaum gerecht, indem alle zu unentdeckten Hochbegabten erklärt werden, die nur nicht von ihren Lehrer/innen als Genies entdeckt wurden, wie es ebenso wenig angemessen scheint, von allen Kindern, abseits aller vorhandenen Belastungen und individuellen „Störungen", einfach höchste Leistung einzufordern – ohne zu schauen, warum so viele Kinder diese nicht erbringen können. Oftmals ist Nicht-Lernen-Können die Basis für Nicht-Lernen-Wollen. Andererseits kann die Fähigkeit, besonders gut und schnell lernen zu können, zur Basis des Schulversagens werden, wenn etwa hochbegabte Schüler/innen dazu nicht die Möglichkeit bekommen.

Kinder sind nicht „einfach", sondern sie bestehen neben ihrem Kopf noch aus Gefühlen und Körper, die ebenso zentral und entscheidend alle Lernvorgänge mitsteuern und beeinflussen. Kinder müssen in Schulen endlich in ihrer individuellen Komplexität wahrgenommen werden.

„Es ist doch gar nichts!" – die Verleugnungsfalle
Eine verbreitete Methode, einer Krise zu begegnen, besteht darin, ihr Vorhandensein zu leugnen. So wie Suchtkranke völlig betrunken behaupten, nie einen Tropfen zu trinken, so wird dann von Betroffenen jede Krise und damit all ihre Anzeichen weggeleugnet, in der Fehlannahme, wenn man nur fest daran glaube, da sei nichts, wäre nichts. Da wird aus dem Kind, das unter seiner Unruhe leidet, die mit ADHS diagnostiziert wird, nur ein Kind, das sich mal ein bisschen bewegen müsste, aus der Klasse, in der kein Lehrer mehr unterrichten kann, „ein bisschen zickige Pubertierende", aus dem Waffennarr und Außenseiter einfach „ein richtiger Junge!" Solche pauschalisierenden, kollektiven Verdrängungen helfen niemandem wirklich weiter. Für Kinder und ihre Lehrer/innen bewegen sich derartige Zuschreibungen

an der Entwürdigungsgrenze, werden doch die beteiligten Kinder und Erziehenden in ihrer Not nicht ernst genommen.

„Von Guten und Bösen!" – die Spaltungsfalle

Krisen haben zur Folge, dass Menschen unter Druck geraten. Der entstehende Druck wird leicht in Schuldgefühle verwandelt, die unangenehm sind. Ein Coping kann dann darin bestehen, Verantwortung an andere weiterzugeben und Schuld zu delegieren. In der gegenwärtigen Lage ist vor allem zu beobachten, dass erstens Lehrer/innen dazu neigen, Gesellschaft und insbesondere Eltern für die Schwierigkeiten von Kindern in die Verantwortung zu ziehen (was sicher in einigen Fällen durchaus berechtigt ist), während Eltern zweitens teils dazu neigen, die Schulprobleme ihrer Kinder *alleinig* an Lehrer/innen und ihren Schwächen festzumachen. Der entstehende Graben ist wenig hilfreich. Wie in jeder Krise, in die ein Kind gerät, können wir letztlich nur erfolgreich operieren, wenn Kooperation möglich wird. Dazu gehört nach einer Entscheidung für eine Schule des Vertrauens in einem ersten Schritt ein grundlegendes wechselseitiges Wohlwollen zwischen Eltern und Lehrer/innen. Dazu gehört auch der Versuch, einander zuzuhören, um wertschätzenden Umgang miteinander zu pflegen. Erst wenn dies möglich ist, kann in gemeinsamen Anstrengungen Arbeit zum Wohle von Kindern möglich werden. Dazu gehört auch, dass sich die jeweiligen Interessenverbände, Lehrergewerkschaften ebenso wie Elternverbände, nicht einseitig an die Wahrung von Ständeinteressen binden, sondern quer denken und offen sind für hilfreiche Anregungen der vermeintlichen „Gegenseite".

„Wir können da gar nichts machen!" – die Resignationsfalle

Erstarren und Aufgeben gehört zu den archaischen Copings. So wie der Urzeitmensch im Angesicht des Säbelzahntigers sich durch einen Totstellreflex schützt, neigen im Angesicht der vorab beschriebenen Probleme einige Menschen dazu, in die Resignation zu gehen. In ihrem durchaus zurecht empfundenen Berg an Problemen gehen manche Lehrer/innen und Eltern in die innere

Emigration, lassen Kinder um sich herum toben, geben sich auf. Sie vergraben sich hinter einer Isolierschicht, einem Gefühlspanzer mit einem Achselzucken. Eltern definieren dann Lernen alleinig als Sache der Schule, Lehrer/innen bereiten sich nicht mehr auf den Unterricht vor, sie zählen regelmäßig die Wochentage bis zu den nächsten Ferien und definieren sich als Opfer tragischer gesellschaftlicher Umstände, etwa einer Schulform, in der sie ihr hohes Fachwissen nicht gewürdigt sehen, und sind in Folge dessen nicht mehr bereit, diesen Schatz vor unqualifizierte Ohren zu werfen – jedenfalls nicht mit Engagement, das eh erfolglos scheint. Ein unguter Teufelskreis!

„Wir brauchen schnelle Lösungen" – die Aktionismusfalle
So wichtig es ist, dass in Schulen und für Kinder etwas getan wird, so wenig hilfreich ist es, den entstehenden Druck durch erhöhten Aktionismus zu füllen. Immer dann, wenn Aktionen mehr den Eindruck erwecken sollen, dass man etwas tut, als dass sie wirklich helfen, stellt sich der Verdacht ein, dass es eben mehr um den Eindruck nach Außen geht als um angemessenes Handeln. So sinnvoll Projekt- und Aktionstage sein mögen, wenn sie zur alleinigen unreflektierten und uneingebundenen Daueraktion zur Außendarstellung ohne pädagogisches Konzept degenerieren, ist Kindern nicht geholfen. Als besondere Gefährdungen für diese Falle können politischer Handlungsdruck (Wählerstimmendruck) wie auch persönliche Karriereambitionen beobachtet werden. Ebenso wenig hilft systematischer Bürokratismus. Formulare und Aktenberge allein etwa beheben keinen Fördernotstand. Wenn Formulare ausfüllende Lehrer/innen nur eine Norm erfüllen, nicht wissen, wie sie fördern sollen, da sie für emotionale und soziale Belange nicht ausgebildet wurden, sie ebenfalls nicht wissen, wohin und an wen sie zur Förderung übersenden sollen im Anbetracht eines eklatanten Mangels an speziell therapeutisch ausgebildeten Fachkräften für Kinder und Jugendliche, dann droht Papierkrieg zum tragischen Fehlcoping mit enormen Kosten und verpuffenden Energieaufwand zu werden. Wir werden nicht umhin kommen, durch die allmähliche Umstrukturierung der Lehrerausbildung, in Kooperation von Exper-

ten und Praktikern langsam und überlegt tiefgreifende Veränderungen in Schule zu erwirken.

„Alle Kinder werden scheitern!" – die Dramatisierungsfalle

Alles wird zur Katastrophe in dieser Form des Copings. Da gereichen die Pisaergebnisse zum sicher zu erwartenden Hungertod der Jetztgeneration, da diese ob der Minderleistungen in drei Mathematiktests wahrscheinlich nicht mehr durch die Generation ihrer Kinder versorgt werden kann. Der internationale Wettbewerb erfordert dann angeblich, dass schon Vierjährige einen Platz an einer Eliteuniversität anstreben sollten. Die Orientierung an Prinzipien und Nutzen der Wirtschaft ist sicher eine wichtige – als ausschließliche lässt sie Kinder als Menschen mit Körpern, Seelen und Geist auf der Strecke. Katastrophenszenarien sind eine durchaus verständliche Folge von Krisenzeiten, sollten jedoch auch als solche bewertet werden. Einen Schritt beiseite zu treten, um eine reale Sicht auf die Krise zu bekommen, scheint angemessener.

„Früher war alles besser!" – die Konservatismusfalle

„Wissen Sie", sagt Herr M., Lehrer einer Realschule, und lächelt ein wenig jovial, „ich bin jetzt knapp 40 Jahre in der Schule. Ich habe so viele Wellen mitgemacht, die angeblich das Richtige propagierten, ich sage ihnen eins: Decke über den Kopf und warten, bis die Welle vorbei ist. Die alten Methoden haben sich bewährt, man muss nur lang genug warten, bis die neuen Sachen hinten rüber fallen."

In dieser Copingstrategie lässt sich Sicherheit finden, Bewährtes behält den angestammten Platz. So wichtig es auch ist, Bewährtes mit in die Neuzeit zu transferieren: Dass etwas früher funktionierte, ist kein Beleg dafür, dass es auch heute seinen rechtmäßigen Platz in Unterricht hat. Die Gefahr liegt hier darin, Neuem nie wirklich eine Chance zu geben und damit jedwede Chance zur Veränderung von vornherein zu blockieren. Das Neue prallt auf und ab – oftmals steckt unter dieser Copingstrategie Angst, selbst etwas Neues zu versuchen, die Unsicherheit,

Dinge nicht gelernt zu haben und zu beherrschen. Aktuellen Erkenntnissen und Forschungen wird man so wenig gerecht und damit auch kaum Kindern. „Schulanfänger sind heute wahrscheinlich weder klüger noch dümmer als vor 35 Jahren. Mit Sicherheit sind sie jedoch unterschiedlicher." (Spitzer 2003, S.402)

„Einfach nur hart durchgreifen!" – die Härtefalle

Sicherlich haben die Bewegungen der 68er und andere pädagogische Strebungen des Laissez-faire Blüten getrieben, die teilweise wenig kindgerecht waren. Sicher ist es bei einigen Eltern an der Zeit, sich gegenüber ihren Kindern durchzusetzen. Dies jedoch zum allgemeinen und auf alle zutreffenden Coping zu erklären, erscheint nicht angemessen. Kinder generalisiert als pöbelnde Tyrannen aufzufassen, denen man nur endlich Herr werden müsse, entwirft allzu plakative Persönlichkeitsbilder, ohne den Kausalitäten persönlicher und erzieherischer Schwierigkeiten auf den Grund zu gehen. Geradlinigkeit und Grenzen sind sicherlich wichtig – diese althergebrachten Tugenden jedoch zur einzigen Maxime pädagogischen Handelns zu erheben, ist keine reife Antwort auf die Lösung der Probleme von Kindern in Schulen. Denn auch grenzüberschreitendes und unangemessenes Verhalten darf uns, neben dem sicherlich erforderlichen Grenzen-Setzen, nicht davon entheben, herauszufinden, welche Gründe zum „Tyrannentum", dem Schulversagen, der Schulverweigerung geführt haben, welche Gefühle und Erfahrungen diesem zugrunde liegen. Sich abzuspalten vom eigenen Fühlen, die Gefühle der anderen zu ignorieren ist ein Krisencoping, das im psychiatrischen Sinne in der Alexithymie, der völligen Gefühllosigkeit, münden kann. Wer Härte und Gefühllosigkeit jedoch zum probaten Erziehungsmittel erklärt und das gefühlte Innenleben von Kindern ausspart, um es lediglich an Normierungen und erwünschtem Verhalten zu messen, vernachlässigt sträflich die kindliche Seele.

„Kinder brauchen ausschließlich ...!" – die Ideologisierungsfalle

Das Coping der Ideologisierung wohnt oft nah am Coping der Vereinfachung oder tritt in seiner Begleitung auf. Ob es sich nun um die Forderung nach dem gesunden Frühstück, dem Ritalin, dem Instrument oder dem gesunden Wasser, dem Gehirnyoga, der Stilleübung oder dem Fußballtraining für alle, durch das alles gut werde, handelt – in Krisen erleben Menschen manchmal bestimmte Dinge als hilfreich, durch die etwas bei ihnen selbst gut wurde: Je größer die erlebte Not war, um so größer ist die Gefahr, aus den als hilfreich erlebten Coping eine starre Lösung abzuleiten, ein Allheilmittel zu propagieren, das zur Ideologie wird. Es gibt nicht das Allheilmittel für Kinder, sondern es gilt herauszufinden, was dieses einzelne Kind, dieser spezielle Schüler in diesem Augenblick gebrauchen, was ihm vielleicht helfen oder ihn heilen kann. Die Katastrophe ist der „Eine Gott", um mit Sloterdijk zu sprechen.

1.5 Eine „ganz normale" Woche – aus dem Alltag einer Schultherapeutin

Wie sieht schulischer Alltag aus, was bewegt Kinder? Wenn ich erzähle, dass ich als Therapeutin in einer Schule arbeite, weckt dies meist reges Interesse bei Menschen, die außerhalb des Schulbetriebes stehen, aber auch bei in Schulen Tätigen, handelt es sich doch bei meiner Profession um ein wenig gängiges und selten praktiziertes Berufsmodell. Was genau tut eine Schultherapeutin und wie gestaltet sich eine solche Aufgabe?

Um diesem Interesse nachzukommen, entschließe ich mich bei den Vorbereitungen zu diesem Buch, eine zufällig ausgewählte Woche meiner Tätigkeit im März 2009 zu protokollieren. Ich ahne zu diesem Zeitpunkt nicht, dass diese Woche auf dramatische Art und Weise eine besondere der Schulgeschichte in diesem Land sein wird. Ich halte dennoch oder erst recht an der Darstellung gerade dieser Woche fest, weil ich denke, dass das Überraschende und Ungeplante, das Erschütternde und Unfassbare, das Tragische und Hilflose ein ebenso zentrales Element des Alltags in Schulen darstellt wie die beinah unerschütterlich wirkende Widerstandskraft und nicht versiegende Dennoch-Ressource kindlicher Entwicklung und Weisheit.

Telefonate, Konferenzen, Dokumentationen – der „freie" Montag

Der Montag ist in diesem Schuljahr mein „schulfreier" Tag, da ich als Teilzeitkraft arbeite, habe ich an diesem Tag keine Unterrichtsstunden oder Therapiestunden zu geben. Ich schreibe Dokumentationen und Auswertungen der vergangenen Woche, plane, mit welchem Kind ich in dieser Woche auf Wunsch der Kolleg/innen Kontakt aufnehmen sollte. Ich führe erste vorbereitende Telefonate.

Erster Versuch bei Frau S., die ich schon seit zwei Wochen telefonisch zu erreichen suche. Angelina, ihre 12jährige Tochter, hat ein massives Kontaktproblem. Angelina spricht kaum. Laut Aussagen ihrer Lehrer/innen redet sie so gut wie gar nicht in den Unterrichtsstunden, sie wird starr und hochrot, schluckt aufgeregt, wenn sie angesprochen wird, wie auch ich in meinem Erstgespräch mit Angelina erleben konnte. Gleichzeitig zeige Angelina herausragende schriftliche Leistungen. Es ist nicht nur schwierig, Kontakt zu Angelina zu bekommen, offenbar gilt dies auch für den Kontakt zu ihren Eltern, gerade nun für mich. Die Familie hat keinen Anrufbeantworter eingerichtet, ihren Namen und eine Telefonnummer hat die Mutter knapp und leise ohne jeden weiteren Satz auf meinem AB hinterlassen. Manche Eltern haben ein ähnliches Problem wie ihre Kinder, sprechen auch nicht gern. Oft werden dann alte Verletzungen aus der Schulzeit in Eltern wach, denen sie, aus ihrer Sicht verständlich, nicht gerne in Gestalt ihrer Kinder wieder begegnen möchten. Vielleicht auch Frau S, die ich noch nicht kenne. Ich sinniere ein wenig, noch ohne Fakten zu kennen. Für Eltern ist es manchmal schwer, wenn ihre Kinder in der Schule auffallen, da es nach ihrer Einschätzung dem Erfolgreich-Sein entgegensteht. Auch heute gelingt mir die Kontaktaufnahme zu Frau S nicht. Ich schreibe stattdessen einen Brief mit meinem Kontaktwunsch an die Adresse der Familie.

Telefonat nun mit Frau H. Frau H. hätte gerne eine Information, wie die ersten Stunden mit ihrem Sohn Ivo, der nicht mehr in die Schule gehen möchte, verlaufen sind. Ein angenehmes Telefonat, die Mutter freut sich, dass Ivo so gerne kommt und laut seinen Lehrern Fortschritte macht, die ich aus dem therapeutischen Bereich bestätigen kann.

Ein weiteres Telefonat mit Herrn N., dem Therapeuten einer ambulanten Tagesklinik, der mit mir gemeinsam ein Kind suchtabhängiger Eltern betreut, inzwischen sind beide Eltern verstorben. Einmal im Monat geht der 12jährige Norman zusammen mit seinem Opa, der ihn nach dem Tod der Eltern bei sich aufgenommen hat, zur ambulanten Beratung. Bei mir ist er seit längerem in Einzelförderung. Herr N. und ich tauschen uns in größeren Abständen aus. Norman sei auf einem guten Weg, er möchte die Abstände der Klinikgespräche erhöhen und weiterhin stärker regelmäßig Schultherapie in Anspruch nehmen, da er über die kreativen Medien mehr von sich selbst erzähle. Norman ist ein sehr guter Schüler, nur manchmal schlägt er unvermutet und in völligen Jähzorn zu. Seit neustem wird er plötzlich ohnmächtig, hat Angst, Bus zu fahren. Herr N. unterstützt den Wunsch Normans, auch nach unserer gemeinsamen Einschätzung ist schulische kreative Therapie für Norman gerade angemessen

Vorbereitung nun der Lernberatungskonferenzen, die heute Nachmittag und am Dienstag stattfinden werden. Als Therapeutin und Beratungslehrerin nehme ich immer an den Konferenzen der 5. und 6. Stufe teil, in den anderen Stufen dann, wenn dies besonders gewünscht ist. Ich schreibe die aktuellen Dokumentationen der heute zu besprechenden Schüler/innen zusammen, um in den Konferenzen entsprechend dezidiert beraten und einschätzen zu können. Am Anfang meiner Tätigkeit hatten mich diese Konferenzen oft an Grenzen gebracht: Wie soll und kann ich mich als Therapeutin positionieren und eindeutig hinter meinem Schülerklient/innen stehen und wie kann ich zugleich nicht die Loyalität und Verbindung, die so notwendige Kooperation mit den Lehrer/innen verlieren. Die Rollenkonflikte dieser Aufgabe konnte ich nur mit Hilfe regelmäßiger Supervision angehen und überwinden. Wie auch den Umgang mit dem immensen Druck, der dem Schulsystem innewohnt. An Kindern leidende Lehrer/innen und Eltern können immens druckvoll werden, soll doch Therapie schnell, möglichst sofort, Hilfe und Entlastung bringen, die in der Regel jedoch vor allem Zeit braucht. Wie im Falle von Tom. Tom hat laut Testung ADHS, normaler Unterricht ist für die anderen 31 Kinder nicht möglich, wenn Tom im Raum ist. Er redet, wann immer er will, er greift und schlägt nach anderen. Seine Lehrer möchten schulische Therapie ab sofort, seine Eltern auch, nach drei Wochen mit ersten Kontaktaufnahmen wünschen die Lehrer zusätzlich das Einschalten des Jugendamtes und des Schulpsychologen, die Klassenkonferenz und eine Klinikeinweisung und und und … Alltäglich erlebtes massivstes Störverhalten bei Kindern erzeugt bodenlose Hilflosigkeit – schreit nach multipler sofortiger und umfassender, meist leider derartig kaum möglicher Hilfe.

12 Uhr. Ich fahre zur Schule. Auf dem Gang werde ich in zahlreiche Tür- und Angelgespräche verwickelt, auch die Kolleg/innen haben sich nun auf den Austausch vorbereitet und hätten gerne schon schnell auf dem Gang noch vorher für sie wichtige Informationen. Zeit ist in Schulen ein knappes Gut, neben den Zensuren sich auch noch um die seelischen, sozialen und häuslichen Belange der Schüler/innen zu kümmern, fordert den Klassenlehrer/innen von 30 und mehr Kindern einiges ab. Ich bin gefordert, hier genau so viel in Tür- und Angelgesprächen ansprechbar zu sein, wie es meine Belastungsgrenze und die Angemessenheit der Problemstellung hergibt. Existentielle, tabuisierte Fragestellungen können nicht „mal eben" zwischendurch besprochen werden. Missbrauch, Gewalt u. a. sind bei Schulkindern leider durchaus Alltag geworden – gehören jedoch auf keinen Schulflur. Zugleich ist das grundlegende Interesse der Lehrer/innen an ihren Schülerinnen zu würdigen, das sich in solchen Fragen und Besprechungswünschen äußert.

Nun in der Lernberatungskonferenz wird es um viele Schüler/innen gehen, jedes einzelne Kind wird in seiner persönlichen Entwicklung und in seinem Leistungsstand besprochen. Ich bin insbesondere gefragt bei den Schüler/innen, mit denen ich in Beratung, Therapie oder Förderung arbeite, aber auch bei Schüler/innen, die noch nicht Kontakt zu mir haben, weiterbringende Hinweise und Informationen einzubringen und eventuelle Hilfsangebote und Kontaktaufnahmen bei den Kolleginnen anzuregen. Kollegin Frau B. etwa fragt sich, ob man etwas daran machen könne, dass der 11jährige Leon immer noch kein Arbeitsmaterial in die Schule mitbringe und überhaupt im Unterricht gar nichts mitbekomme. Ich frage nach, ob es schon vorliegende Diagnosen oder Kontakte zum schulpsychologischen Dienst gab. Als die Kollegin dies verneint, biete ich eine zeitnahe Beratung des Schülers an, um in einer Einzelstunde mit ihm zusammmen herauszufinden, was der nächste Schritt der Hilfe sein kann, den wir anschließend mit den Eltern besprechen werden. Oftmals liegen unter Lernproblemen und Störungen große andere Leiden – immer wieder neu gilt es, das individuelle Puzzle, das zur „Störung" gerade dieses Schülers geführt hat, zusammenzusetzen.

Heute verlaufen die Konferenzen relativ unproblematisch. Es gibt kaum unterschiedliche Auffassungen, wie die Hilfestellung für Schüler zu erfolgen hat. Die grundlegenden Schritte der Hilfe sind nun nach 10 Jahren therapeutischer Arbeit recht selbstverständlich. Vor 10 Jahren, erinnere ich, taten sich Lehrer/innen grundlegend schwerer, ein Therapie- und Hilfebedürfnis zu akzeptieren, man war insgesamt therapieferner. Mein Eindruck ist, dass sich ein grundlegend psychologisches Verständnis, zumindest in guten Schulen, breit macht. Im Falle von Leon rate ich zu außerschulischer Therapie, da ein familiäres Tabuthema die Eltern noch hindert, sich in der Schule anzuvertrauen. Ich bereite am Abend noch kurz die Dokumentationen auf, terminiere für die Woche und bereite meinen morgigen Fachunterricht vor.

Von klein-großen Ängsten und Nöten – Dienstag
Erste Stunde. Freie Sprechstunde nach Voranmeldung. Jens, 11 Jahre, kommt auf Anraten seiner achtsamen Klassenlehrerin. Ihr ist aufgefallen, dass Jens oft bekümmert wirke. Jens ist nicht sicher, ob er hierhin kommen wolle – er wirkt unsicher, sagt, dass

er nicht wisse, was er erzählen könne. Die Instrumente im Raum findet er spannend und möchte auf meine Anregung hin auch einige ausprobieren, er spielt vorsichtig hier und dort. Ich frage nach einiger Zeit: „Und, Jens, wie klingst du in deiner Klasse?" „Das ist ja eine spannende Frage", sagt Jens, „das muss ich aber erstmal ausprobieren!" Er zupft hier und dort und wählt dann eine kleine Kantele, an der er einen einzigen Ton leise anzupft. „So, klinge ich, glaube ich, wenn ein Lehrer in der Klasse ist!"

„Darf ich sagen, was ich höre?", leite ich mein Sharing, meine persönliche Resonanz auf sein Spiel, ein.
Jens bejaht und wirkt gespannt.

„Ich höre Angst!", sage ich. „Die habe ich!", meint Jens! „ und wie!" „Und wenn der Lehrer nicht in der Klasse ist?", frage ich, die Jens offensichtlich so stark bedrängende Angstproblematik in diesem Erstkontakt vorsichtig angehend, „Wie klingst du dann?". Jens schlägt laut und wild zahlreiche Seiten an. „Dann so! Dann bin ich wild! Ich ärger manchmal die Mädchen!" Mit den Instrumenten in den Händen, immer wieder auch klingend, kommen wir ins Gespräch. Jens erzählt, dass diese Angst schon lange da sei und dazu führte, dass er still wurde, fast verstummte. „In der Grundschule hatte ich eine Lehrerin, die mich von den anderen Kindern auslachen ließ, wenn ich was nicht richtig aussprechen konnte oder beim Lesen gestottert hab." Jens wird traurig, er schluckt und wischt sich verstohlen eine Träne fort. Ich frage Jens, ob er spielen könne, wie er klingen möchte und schnell lässt er mehrere Seiten der Kantele erklingen. „Ruhiger und dass ich doch was sage!", meint Jens. Wir beschließen, daran für einige Stunden zu arbeiten, da Jens inzwischen richtiggehend unter Panik leidet, wie er erzählt. Manches Mal habe er schon beim Aufstehen starke Bauchschmerzen und wolle nicht in die Schule.

Ich schreibe im Anschluss an diese Stunde eine kurze Nachricht an Jens Lehrer, in der ich ihnen mitteile, dass Jens für einige Zeit zur Einzelarbeit kommen möchte und ich nun zunächst seine Eltern zum Erstgespräch einladen werde, auch um ihr Einverständnis einzuholen und die Bereitschaft für ihre Mitarbeit zu erfragen. Es ist wichtig, alle Beteiligten frühzeitig und regelmäßig in die Arbeit mit einzubeziehen und informieren.

Deutschunterricht in der 5. Klasse. Jetzt bin ich erst einmal für drei Stunden Lehrerin, denke ich. Dienstagmorgen darf erzählt werden, ob es etwas Wichtiges vom Wochenende gibt. Nadja kommt zu spät. Sie weint. Es gab Probleme mit den Eltern zu Hause – niemand mochte mit ihr aufstehen, dann hat sie verschlafen, den Bus verpasst, die Eltern schimpfen mit ihr. Oliver erzählt, dass es ein tolles Wochenende bei seinem Vater verbrachte, einen wunderbaren Ausflug machte. Er ist traurig, weil er ihn jetzt wieder auf unbestimmte Zeit nicht mehr sehen wird. Ina meldet sich, sie möchte erzählen, dass sie nicht mehr esse, weil zuhause alles so doof sei. Betretenes Schweigen, ich äußere mein Mitgefühl, frage im Anschluss, ob Ina Hilfe oder Unterstützung habe, an die ich sie ansonsten weiterempfehlen möchte. Wir beginnen mit dem Deutschunterricht, die Geschichte vom Ferkel macht den Kindern Spaß. Am Ende dieser Stunde kommen zwei Schülerinnen, die um einen Beratungstermin bitten, weil sie ein Problem in der Klasse hätten und daher gerne mit mir reden würden. Ich werde diese Arbeit nach einem kurzen Ersttermin an eine Beratungs-Kollegin weitergeben – als Deutschlehrerin mag ich nicht in die Doppelrolle von Leistungsbeurteilung und beraterisch/therapeutischer Arbeit kommen.

In der zweiten Stunde bin ich zur Vertretung eingesetzt in einer 6. Klasse. Zwei Kinder dieser Klasse sind bei mir in Therapie, sie grüßen freundlich. Ich auch, ansonsten halte ich freundliche Distanz, weil ich nicht weiß, wie das für die Kinder ist, mir in diesem anderen Rahmen zu begegnen. Am Ende dieser Stunde, in der wir ein englisches Lied erlernen, was den Kindern (und mir auch) viel Spaß macht, bittet ein mir unbekanntes Kind um eine Beratungsstunde. „Ich kriege Panik, wenn ich vor der Klasse sprechen muss, Sie wissen schon!", sagt sie und schaut verstohlen auf den Mitschüler aus ihrer Klasse, der deshalb seit einigen Wochen zur Therapie kommt. „Ich möchte auch Hilfe und meine Eltern finden besser, wenn ich das in der Schule machen könnte", sagt Melanie hoffnungsvoll. Auch hier vergebe ich einen kurzfristigen Termin für die nächste Woche, da Melanie äußert, sehr zu leiden und schnell Hilfe zu benötigen. Nach der Musikstunde eine Einzelstunde mit Ramona aus der 8. Klasse. Ramona ist nervös heute, sie wisse aber keinen Grund, sagt sie und redet über dies und das, oberflächlich. Wie so oft, dauert es eine Zeitlang, ehe sie über Instrumente erzählen kann, was sie so nervös macht: Ihre Mutter, die sich gerade in einer Klinik zum Entzug aufhält, hat sich schon seit zwei Wochen nicht mehr bei ihr gemeldet. Ramona hat Angst, dass sie sich selbst wieder zu „ritzen" anfange …

„Gut, dass du dran bist!" – Mittwoch

In der ersten Stunde „Musikförder" in der 5. Jahrgangsstufe, heute mit drei Kindern, eine Schülerin hat uns vor zwei Wochen verlassen, da sie ins Heim eingewiesen wurde. Wir setzen uns wie immer zunächst auf die Yogamatten zur Eingangsrunde und beschäftigen uns damit, was jedes Kind in der letzten Woche erlebt hat. Jenny sagt, auch wie immer: „Nix besonderes, langweilig eben!" Und heute fügt sie noch hinzu: „Wie immer haben mich alle geärgert! Aber egal!" Elena schluckt sehr aufgeregt und sie, die Schwierigkeiten mit dem Sprechen, insbesondere vor der Klasse, hat, braucht lange, bis sie sagt: „Ich habe bei meiner Freundin geschlafen!"

Dieses auf den ersten Blick unspektakulär anmutende Geschehen ist ein riesiger Schritt, denn Elena hatte bis vor kurzem „noch nie eine Freundin" und noch nie außerhäusig übernachtet. Ihre alleinerziehende Mutter ließ sie nicht gern außer Haus. Erst einige Gespräche mit Elenas Mutter ermöglichen ein stärkeres Loslassen ihrer Tochter. Roland erzählt ganz begeistert, dass er mit seiner älteren Schwester Kart gefahren ist. Ich frage, ob er das auch schon mal mit seinem Papa macht. Ein nun ernst wirkender Roland antwortet: „Nein, mit Papa kann ich eigentlich gar nichts machen. Den sehe ich ganz selten. Und mit Mama auch nicht, die hat keine Lust, was zu machen. Die ist viel müde und traurig", sagt Roland nachdenklich und schließt seine Ausführungen ab mit: „Ich freue mich aber aufs Trommeln heute!" Auch wenn ich bemerke, dass unter Rolands Erzählung ein Leiden zu Hause zu stecken scheint, bin ich zurückhaltend mit weiteren diesbezüglichen Fragen vor der Gruppe. Ich lenke meine Nachfrage auf den Fokus Schule.

Roland wurde wegen seines unkonzentrierten Arbeitsverhaltens und seiner Konflikte für diese Gruppe angemeldet. Roland ist sehr froh, dass er nun Freunde habe und alles bestens laufe. Ich freue mich und frage, wie er das schafft. „Ich reiße mich einfach mehr zusammen, wenn die anderen mich ärgern!" Geärgert zu werden und was den einzelnen dabei hilft, damit umzugehen, wird nun Thema. Verletzungen klingen an, denen sie offensichtlich nicht gern Raum geben möchten, sie mögen Malen zu Musik, die ich von der CD einspielen soll. Ich wähle eine Musik von Arnold Schönberg, von der ich vermute, dass sie auch „schräg Klingendes" ins Spiel bringen wird. Ich befrage die Kinder anschließend zu ihren Gestaltungen. Roland hat genau die Gokartbahn gesehen, auf der er in der letzten Woche gefahren ist. Es wird neuerlich deutlich, wie sehr Roland vermeiden muss, sich zu spüren, und wie sehr er darauf achtet, nichts von sich nach außen zu lassen. Nun malt er nachträglich ein Siegerpodest ein, von dem er angibt, dort oben zu stehen. „Dein Traum?" frage ich, was er bejaht. Die beiden Mädchen haben zur Musik Friedhöfe gesehen. Tod und Abschied von ihnen nahe stehenden Verwandten wird Thema ... Am Ende der Stunde möchten die Kinder unbedingt wie immer trommeln. Da die Gruppe schon länger zusammen ist, schlage ich vor, einen Rhythmus für die letzten sieben Minuten durchlaufen zu lassen, einer muss diesen fortwährend halten. Boden geben und darüber im Solo hörbar werden, an diese schwierige Aufgabe können wir uns, hoffe ich, schon heranwagen. Roland fragt, ob er den Rhythmus vorgeben darf. Er spielt und hält über die gesamte Zeit die Gruppe. Roland ist offenbar sehr geübt im Stützen und Halten – wie so oft wird im musikalischen Zusammenspiel Grundlegendes, werden Muster und Krisenbewältigungsstrategien hörbar, für die es keine Worte, oftmals keine Bewusstheit gibt. Später in der Einzelberatung mit Roland erfahre ich, dass seine Mutter seit dem Weggehen aus dem Heimatland unter schweren Depressionen leidet.

Ich lobe nun Rolands tolles Trommeln, was ihn sehr stolz macht. „Sehen Sie, im Trommeln bin ich erster Sieger!", meint er, strahlend auf sein gemaltes Siegerpodest zeigend.

Die beiden Mädchen sind ebenfalls stolz, ein Solo gespielt zu haben. Ich bin es mit ihnen, denn Reneilda hat zu Beginn des Schuljahres noch kaum ein Wort gesagt, geschweige denn den Blick gehoben. Nun holt das zarte Mädchen zielsicher die große Rahmentrommel, die sie kaum heben kann, greift zielstrebig die großen Schlegel und schlägt kräftig auf das Fell. Strahlend genießt sie offenbar nun ihr laut Sein, deutlich hörbar. Etwas, was auch von ihren Lehrer/innen aus dem Unterricht zurückgemeldet wird: Reneilda beteiligt sich und ist aktiver im Unterrichtsgeschehen, nicht mehr so weggeträumt wie zu Beginn des Schuljahres. Wie so oft geht die musikalische Entwicklung eng einher mit der schulischen. Mir fällt erneut auf, wie wenig alle drei von ihrem Zuhause erzählen, dieses Thema fast panisch vermeiden – großes Schweigen dann, Leere, von der ich am Ende der Stunde ganz aus- und angefüllt bin. Wie gut, dass ich gleich zur Supervision fahren kann.

Auf dem Flur spricht mich eine Klassenlehrerin an. „Nein, ich habe ihre Mutter noch nicht ans Telefon bekommen", informiere ich kurz, „aber schriftlich eingeladen." „Gut, dass du da dran bist", sagt meine Kollegin und das ist, bei aller Schwere, die mir noch nachhängt, ein gutes Schlusswort für diesen Schulmorgen.

Ich mache mich auf den Weg zur Supervision, heute eine Doppelstunde, da ich letzte Woche eine innerschulische Fortbildung absolvierte. Ich bin froh, die „Fälle" aus der Schule mit meiner Supervisorin von einer anderen Seite zu beleuchten. Meine persönlichen Themen darin zu finden und mich neu positionieren zu können, ist in der Arbeit im System Schule überlebenswichtig. Eine Stunde Fahrweg muss ich nun zurücklegen, der heutigen Arbeit noch nachhängend höre ich im Radio nun das Unfassbare: Amoklauf in einer Schule in Baden Württemberg, 16 Tote! Ich spüre, wie Fassungslosigkeit und Angst in meinem Inneren einen unfreiwilligen Tango infernale tanzen. Ich kann das Entsetzliche, das an meine Ohren dringt, während der Fahrt kaum aushalten. So vieles geht mir durch den Kopf. Kann das auch an meiner Schule passieren? Ja, natürlich. Bilder und Erinnerungen: Vor einigen Monaten noch kommen Schüler der 9. Klasse zu mir, bitten mich, mit Arne zu reden. Er drohe in Zeichnungen und im Internet Amok an … ein gutes Gespräch, in dem viele Tränen fließen, ein hilfloser Arne, zu dem ich gut Zugang bekomme, da ich in der 5. und 6. Klasse mit ihm gearbeitet hatte. Ich schalte parallel die Schulleiterin ein, Gespräch mit Arnes hilflos-entsetzter Mutter. Wie froh ich an diesem Punkt war, gut vernetzt zu arbeiten – alleine werden derartige Lasten allzu leicht für alle Beteiligten übergroß.

Nach der Supervision sind zu Hause noch zwei Rückrufe an Eltern zu erledigen. Frau M. freut sich, dass ich mit ihrem Sohn arbeiten wolle und freue sich auf ein Gespräch. Herr B. ist sehr ungehalten und sauer, dass sein Sohn Manuel in der Schule auffalle. Er bekomme für sein ADHS Ritalin und ich solle ihm bloß mit Therapie vom Hals bleiben. Was ich dann auch tue. Ich schreibe eine entsprechende Nachricht an die Klassenlehrer, die sich wahrscheinlich nun sehr hilflos fühlen, da Manuel den Unterrichtsverlauf massiv behindert und alle um ihn herum an Grenzen bringt. Wenn Eltern nicht wollen, arbeite ich nicht mit Kindern – das habe ich mit Bedauern und mühsam in den letzten 10 Jahren gelernt.

Ich sehe mir die zahlreichen Reportagen zum Amoklauf auf den verschiedenen Fernsehsendern nicht mehr an, es überfordert mich heute. Und, fast im Halbschlaf setzt der morgendliche Satz meiner Kollegin nach diesen Amokmeldungen meinem persönlichen Tagesfazit ein mutmachendes Dennoch-Gute-Nacht-Gesicht auf: Gut, dass ich dran bin!

„Lachen hilft!" – Donnerstag
Unterricht zur ersten Stunde, das Autoradio vermittelt die neuesten Stände von Winnenden, Mobbing, Außenseiter, Eltern, Waffenbesitzer, Therapieabbruch – Schlag-Worte aus den Medien, mit Vorsicht anzusehen, diffus-bedrohliche Vorstellungen in mir erzeugend. Sie bedienen Klischees, werfen drängende Fra-

gen auf, ich bemerke, wie ich ein wenig hektisch-unwirklich versuche, das Losungswort für einen Amokalarm in unserer Schule zu erinnern – ich betrete das Schulgebäude wenig „gechillt", um es mit den Worten der Schüler/innen auszudrücken.

Hier ist man schon sehr aufgeregt, in einer Klasse wurde eine Gewalttat gegen eine Kollegin angekündigt. Trittbrettfahrer, Nachahmer, ernstzunehmende Bedrohung? Amokunsicherheit also auch hier wie an so vielen Schulen an diesem Morgen! Ich stöhne unhörbar, es ist erst 7.45 Uhr und die Welt schon nicht mehr wirklich in Ordnung. „Ich glaube, wir können uns nur noch mit Verdrängen retten", sagt mein Kollege, „oder?", fügt er hilflos aussehend die Frage hinzu. „Sonst werden wir noch verrückt!" Die junge Kollegin neben mir ist bleich im Gesicht. Sie findet das alles sei zuviel für einen Neuling und das finde ich auch. Auch für eine alt gestandene Schulbesucherin wie mich. Der Schulalltag geht weiter.

Musikförder 6 steht auf meinem Programm, sechs Mädchen, die munter redend den Raum betreten. Keine äußert in der Befindlichkeitsrunde irgendetwas zum Amok. Ich frage nach, ob sie etwas davon gehört haben. Sie lachen nur: „Wäre doof, wenn hier so was wäre", äußert Sabrina mit rollenden Augen und die übrigen diskutieren bereits, was sie heute in dieser Stunde machen wollen. Anscheinend ist heute auch hier Verdrängen die Rettung, die augenblickliche Bewältigungsstrategie. Schneckenrennen wollen sie machen, was bedeutet, dass ein Kind von einem anderen in eine Decke gerollt wird und es dann Wettrennen der in Decken gehüllten Schnecken gibt. So rollen sie nun laut und ausgelassen kichernd in Decken, graben sich in den Boden und noch mehr in den Boden und fallen kuschelnd ineinander, schmiegen sich aneinander, lachen, tastend, spürend, suchend: Boden. Einmal mehr merke ich, wie Kinder im Spiel das suchen, was sie gerade gebrauchen können. Weisheit des kindlichen Spiels, probate Krisenbewältigung – das hätte ich mir als therapeutische Intervention nicht passender ausdenken können. Kinder sind selbstkompetent, wenn sie es sein dürfen ...

Wir wechseln nun zum „Partyspiel", ein Rollenspiel mit ausgelosten Fantasie-Promi-Partygästen. Eine Übung, die einige

Mädchen deutlich an ihre Grenzen bringt. Sie stehen stocksteif da und können und wollen sich nicht zeigen. Ja – deshalb sind sie ja auch hier. Ich verändere die Aufgabenstellung, indem alle eine Geste für einen Partygast finden sollen und so sieht man nun eine begeistert zwinkernde Heidi Klum, Arm in Arm mit einem freundlich winkenden Winnipuh und einen stolpernden, wild grimassierenden Stefan Raab über einen imaginären Laufsteg schreiten und sie lachen und lachen – das scheint wichtig heute Morgen. Zum Ende möchten sie trommeln, sehr laut und sehr schnell, die Aufregung, die in ihnen steckt, wird hörbar! Die Mädchen gehen am Ende der Stunde zum Teil eingehakt aus dem Raum.

So extrem ausgelassen sie in dieser Stunde sind, so bedrückt werden sie in der nächsten Stunde in der nächsten Woche den Raum betreten. Dann werden sie mit gesenkten Blicken und hängenden Schultern in den Raum schleichen, unerträglich erscheinendes Schweigen, Leere, bedrohliche Stille wie grollender Steinschlag in den Raum dröhnend. Ich schlage vor, heute alternativ als Einstieg zu trommeln, wenn es so schwer sei, Worte zu finden. Die Anknüpfung an den ertrommelten Boden vom letzten Mal gelingt. Ines fängt zögerlich an zu erzählen, was sie heute beschäftigt. „Eigentlich geht es mir gut. Mein Vater ist ausgezogen am letzten Wochenende, meine Eltern sind jetzt getrennt. Eigentlich bin ich ganz froh, denn es gab nur noch Streit und jetzt ist eigentlich besser, ich kann ihn sehen, an Wochenenden!" Die anderen Kinder schauen vertrauensvoll mitfühlend. „Dann mache ich mal weiter", sagt Fee, ein auffallend hübsches, immer leise lachendes, wie ich höre, immer den Unterricht störendes und bei Ansprache von außen ganz in ihrer Welt wirkendes Mädchen. „Mein Vater ist auch letztes Wochenende ausgezogen, meine Eltern lieben sich nicht mehr und meine Mutter bleibt mit uns. Wir haben in einem Monat eine Wohnung und die ist schön und ich darf meinen Vater auch an Wochenende sehen, das finde ich gut." Max, der heute wieder da ist, meldet sich. „Ich mach weiter. Ich kenn das. Meine Eltern sind seit vier Jahren getrennt, wir sind auch zu meiner Mutter gegangen. Und dann wurde meine Mutter alkoholkrank und dann sind wir wieder zu meinem

Vater und, naja, geht so, wir dürfen meine Mutter jetzt sehen, aber sie hat einen ätzenden Freund, das nervt." Liane meldet sich. „Ich kann eigentlich gar nicht mitreden. Mir geht es gut." Dann leise: „Ich kenne meinen Vater nicht!"

Entsetzen auf den Gesichtern der anderen Gruppenteilnehmer. „Gar nicht?", fragt Max mitfühlend. „Nee, und der Freund meiner Mutter, der neue, nervt – aber ich habe seit letzte Woche einen Hamster. Zum Glück!"

Die beiden, die noch nichts gesagt haben, sinken immer mehr in sich zusammen. Ich spreche sie sanft an: „Und bei dir, Annabelle?" Sie wird feuerrot. „Bei mir ist alles prima und ich möchte nichts erzählen." Ines streicht ihr sanft über die Beine „Du bist ganz rot", sagt sie. „Das ist nur einfach so", sagt Annabelle und die Schwere, die unaussprechliche, kann sie heute offenbar nicht ablegen. Die Thematik Trennung trifft sie offensichtlich mitten in ihr so mühsam gehalten-geschütztes Herz. „Vielleicht mögt ihr erzählen, was euch in den Trennungen eurer Eltern geholfen hat?", rege ich, die Ressourcenseite ansprechend, an. Max ist sofort dabei: „Das Jugendamt", sagt er, „die haben dafür gesorgt, dass wir trotzdem noch zu meiner Mutter konnten, auch wenn sie … Sie wissen schon." Und ich weiß gar nichts, merke ich. Das Alkoholproblem seiner Mutter taucht heute zum ersten Mal offen auf. Er scheint zu ahnen, dass ich mich mit dieser Problematik bei Kindern auskenne. Kinder spüren viel. „Wie bist du dahin gekommen? Boah", meint Ines, „echt das Jugendamt, das fände ich krass." „Nee, war gut", sagt Max, „die Frau, die hat uns geholfen. Meine Eltern selber sind mit uns ja dahin, als die nicht mehr weiter wussten." Ich freue mich, dass er solch eine Mut machende Erfahrung gemacht hat und auch hier erzählt. „Mir hat geholfen, dass ich mich zurückgezogen habe", sagt Liane, „und dann immer Musik gehört habe aus meinem Lieblingsfilm – sonst hätte ich es nicht so gut geschafft!"

Nach 10 Minuten ist es genug des Redens. Trommeln wollen sie und mein Vorschlag, einen Grundrhythmus durchlaufen zu lassen und Soli zu spielen, wird versucht – die Schwere bleibt im Raum. Zunehmend schaffen sie es, einen sogenannten Bordunboden also einen durchgehende Baßlinie zu spielen, getragen von Max, der den Boden spielt, die Gruppe, achtsam wie ein Luchs, zusammenhaltend. Als Kind einer suchtbelasteten Familie ist er darin geübt. Nele und Annabelle sitzen abseits, sie spielen nicht. Die Schwere, die ihnen heute Morgen zu eigen ist, wird so greifbar, jedoch nicht besprechbar. Die Stimmung im Raum ist so zentnerschwer, dass ich mich entschließe, zur Arbeit mit rezeptiver Musiktherapie zu wechseln, um einen Perspektivwechsel vorzunehmen – Nele und Annabelle verkraften noch kein Aufdecken. Mit einer angeleiteten Geschichte nach R.L.M., also einer resonanzgestützten leiborientierter Musikkreise (Barnowski-Geiser 2009) reisen wir nun, die Kinder auf den Matten liegend, mit Musik und einer imaginierten Fee dorthin, wo es angenehm und schön ist. Im Anschluss erzählen sie: Max wurde von der Fee mit Krallen gekratzt, so dass er lieber geschlafen habe, sagt er – seine Erfahrungen zuhause sind so massiv, dass es kaum einen Schutzraum für ihn gibt, noch nicht einmal in der Fantasie! Er wird demnächst Einzeltherapie brauchen, denke ich. Beide akut „Getrennten" konnten fliegen und machten dabei schöne Erfahrungen. „Das tat gut!", sagen sie. Annabelle und Nele äußern, dass sie gar nichts gesehen haben, „aber das war besser als das Trommeln vorher." In der Schlussrunde bezeichnen sie die Stunde als „toll!" und „Voll cool, weil wir so toll Musik gemacht haben und reden konnten!"

Nun eine Einzelstunde mit Leon. „Alles ist viel besser. Meine Mutter kümmert sich sehr um mich und versteht mich besser, seit ich das, was wir hier machen, zu Hause mit ihr bespreche." Leon kam als Selbstanmelder in die Therapie. Er litt unter seinem Außenseitersein in der Klasse, wollte die Schule wechseln und fühlte sich unglücklich. In den Einzelstunden wird schnell, insbesondere in der Arbeit über Leons Lieblingsmusik deutlich, dass das Schulthema ein umgeleitetes Problem ist: Zu Hause fühlt sich Leon massiv ausgegrenzt in der neuen familiären Konstellation, dieses Erleben wiederholt er gleichsam als Hilfeschrei in der Schule. Das Schulproblem kann er mit der Mutter besprechen, die Probleme zu Hause noch nicht. Oftmals haben Schulproblemen einen Subtext, dann sind die Schulprobleme nur die sichtbaren Zeichen einer anderen Krise. Beziehungsprobleme mit der Mutter und ihrem Partner werden zum Zentrum der Arbeit.

Ich rege an, eine Bestandsaufnahme mit einem musikalischen Tryptichon zu machen, also ein musikalisches Spiel wie er vor der Therapie und jetzt klingt, sowie anschließend, wie er in der Zukunft klingen möchte, weil ich nicht sicher bin, ob diese Einzelförderung nach sechs Sitzungen zu Ende gehen kann. Leon holt eine Harfe: „Vor der Therapie klinge ich schräg, ich bin unglücklich über die Situation zu Hause! Jetzt bin ich eine Kalimba!" Er spielt. „Ich bin froher, weil das ausgeprochen ist zwischen Mama und mir. Die Probleme sind weg." Für die Zukunft wählt er eine Maracas. „Ich verstehe mich noch besser mit Mama, weil ich ihren Partner akzeptiere. Ich hätte nicht gedacht, dass ich ihn so aufprallen lasse, aber das merkte ich hier. Ich bin auch viel schuld, das wird besser, wenn ich netter zu ihm sein werde." „Ich habe ein spannenderes Leben gehört", sage ich. „Ja", meint Leon, „ich könnte viel mehr mit Freunden weg sein. Aber das darf ich nicht. Meine Mutter hat viel Angst um mich, immer, ich darf nicht allein zu Hause bleiben und keine Wege alleine gehen."

„Hast du auch Angst?"

„Nein, gar nicht. Die Oma, die schon, die hat ganz viel Angst. Omas Bruder ist damals neben Oma überfahren worden. Der hatte nicht geguckt und der war dann tot. Mit 13, glaube ich. Und dadurch hat Oma soviel Angst und Mama auch." Transgenerationale Auswirkungen eines massiven Traumas, um es fachsprachlich auszudrücken – wie beiläufig in der Arbeit mit kreativen Medien auftauchend. Ich biete an, Leons Freiheitswünsche an die Mama zu übersetzen. „Ich werde versuchen", sinnt Leon, „Mama zu überreden, dass sie kommt. Es ist nur schwer, weil ich weiß, dass Mama nicht gerne kommen wird. Für irgendetwas schämt Mama sich", sagt Leon nachdenklich, „ich glaube, sie hat Angst, dass sie alles mit mir falsch gemacht hat!" Diese Berührungsangst zu therapeutischer Unterstützung, gerade bei alleinerziehenden Müttern, ist nicht untypisch. Sie bewältigen oft allein die gesamte Erziehung und Versorgung, bekommen dafür oftmals wenig Wertschätzung von anderen. Geht das Kind in die Therapie, wird dies als persönliches Versagen angesehen. Therapeut/innen drohen zur Konkurrenz und Richterinstanz zu werden, Übertragungen und Gegenübertragungen, die mit in die Arbeit einzubeziehen sind.

Leon wünscht sich noch eine Musik zum Träumen. Ich lege Enya auf, leite ihn zu einer Entspannung an und bitte ihn, zu hören, ob er in der Musik Antworten bekommt, was ihn auf seinem Weg in die Zukunft unterstützen kann. „Meine Freunde und dass Mama was mit mir allein unternimmt", sagt Leon. Nach einer Pause: „Und dass ich vielleicht doch meinen Vater mal kennen lerne. Ich glaube, dazu habe ich jetzt die Kraft und das würde mich unterstützen. Und es unterstützt mich, dass ich überhaupt wieder lachen kann. Mein Leben ich nicht mehr so schwer. Lachen hilft!", resümiert Leon einen in der schulischen Therapie nicht zu unterschätzenden Heilaspekt und schließt so den Kreis zur gruppentherapeutischen Arbeit vorher.

Auf dem Weg in das Teamzimmer treffe ich auf dem Flur Rolands Lehrerin, die um einen Termin bittet, um über Roland zu sprechen. Er mache schulisch gar nichts und Lehrer kämen nicht an ihn heran. Ich danke ihr, dass sie mich anspricht und das erzählt, da Roland sich noch gestern in der Gruppe selbst anders eingeschätzt hatte. Die Nähe zum Schulbetrieb macht das Überprüfen der therapeutischen Arbeit möglich und nötig, auch kurzfristig. Selbsteinschätzung und Fremdwahrnehmung klaffen oftmals eklatant auseinander. Wir verabreden ein Gespräch für die übernächste Woche.

Beratungsstunde nun mit Ben aus der 5. Klasse. Ich warte ein wenig, suche ihn dann in seiner Klasse: Ben schreibt eine Klassenarbeit, das hat er vergessen. Wir verabreden uns für die nächste Woche. Ich hole stattdessen Nana aus der 11. Klasse, die sich schon länger angemeldet hat und um diese Uhrzeit Freistunden hat, wie ich weiß. Nana möchte keinen regelmäßigen Termin, „ich habe Angst, Unterrichtstoff zu versäumen", sagt sie. Sie ist ambivalent, hin- und hergerissen dazwischen sich zu öffnen und sich zu verschließen. Seit fünf Jahren ist ihr Vater tot –

nicht aber in Nana. Solange sie über die ihr peinliche Alkohol-
sucht ihres Vaters nicht reden kann, solange sie über die Schuldgefühle, die sie immer noch quälen, schweigen muss, kann sie
nicht abschließen und sich oftmals auch auf gar nichts mehr konzentrieren – und dann versäumt sie den Unterrichtsstoff auch
wenn sie im Raum ist und teilnimmt. Ich kenne Nana aus dem
„Musikförder" der 6. Klasse, schon damals habe ich Einzelhilfe
angeboten, die die Mutter ablehnte, weil sie keinen Bedarf bei
ihrer Tochter angezeigt sah – zu schwer für die Mutter, die mit
ihrem alten Leben abschließen will und einen neuen Partner hat.
Diesem unliebsamen Teil ihres Lebens durch die Nöte ihrer
Tochter zu begegnen, hieße anerkennen, dass das exzessive Trinken des Vaters Spuren in Nana hinterlassen hat. Heute als Ober-
stufenschülerin kann Nana selbst entscheiden, dass sie kommen
möchte. Sie legt mir regelmäßig Texte und Gedichte ins Fach,
in denen sie Belastendes zwischen unseren Sitzungen in anrüh-
render Form weiter bearbeitet. Immer wieder erstaunt es mich,
wie Kinder oft erst nach Jahren einen Weg in die Therapie finden
– es gibt einen richtigen Zeitpunkt, wenn es einmal vertrauens-
volle Begegnung gab, auch wenn dieser viele Jahre später liegt.
Nana ist sehr beschäftigt mit dem Tod ihres Vaters. Wiederholt
erzählt sie ihre nächtlichen Träume, in denen sie mit dem Vater
spricht. Im Zuge unserer Arbeit suchen und finden wir Wege, mit
ihrem verstorbenen Vater im Himmel zu kommunizieren. Diese
imaginierte Vorstellung wird zunehmend rettend, Nana muss im
geschützten Raum der Therapie ihren Vater verabschieden. Dieser Abschied wird nur möglich, wenn es Platz und Raum für die
Beziehung von Vater und Tochter geben kann und wenn Nana
eigene Wertungen und Gefühle für den Vater haben darf. Nana
braucht meine Wertung, mein Echo und Mitgefühl, das die Mutter ihr, da sie so viel durch das Trinken des Vaters gelitten hatte,
bei aller Liebe für Nana, nicht geben konnte und kann. Heute hat
Nana Fotos von sich und ihrem Vater dabei …

Ich dokumentiere in der sich anschließenden Freistunde, gehe
ins Cafe, um durch Dokumentieren Abstand zu den Menschen
und Geschichten zu bekommen und selbst zu verarbeiten. In der

6. Stunde führe ich ein Gespräch mit den Klassenlehrern eines Jungen mit ADHS, dann folgen drei Unterrichtsstunden in den 5. und 6. Klassen. Die ohnehin sehr lebendige 6. Klasse erscheint in der Doppelstunde am Nachmittag außer Rand und Band. „Bloß nicht hier auch noch über Amok reden!", schreit Phillip schon im Reinkommen. „Sin-gen, sin-gen, sin-gen!", skandieren sie – sie scheinen zu ahnen, dass Singen, wie inzwischen neuro-wissenschaftlich nachgewiesen wurde, die Angstempfindungen deutlich reduzieren kann. Weise Kinder – ich gehe auf ihren Vor-schlag ein, auch wenn meine Ohren auditiven Amok empfinden, die Lautstärke an diesem Nachmittag ist höllisch.

Abends gehe ich mit meinen Kindern ins Kino, wir sehen Schlinks „Vorleser". Welch transgenerationale Auswirkungen in diesem unseren Volke schlummern, Kriegstraumata in das Erle-ben dieser Generation der Enkel, unserer Schüler/innen, spielen, ohne dass sie darum wissen! Das Böse, sagt der Forscher Zim-bardo, braucht einen Ort, um sich zu entwickeln – ich hoffe, in Schulen verschaffen wir dem Gegenteil einen ansprechenden Boden.

„Du musst auf dein Herz hör`n!" – Freitag
Musikunterricht in der 6.Klasse, während der Stillarbeitsphase Beratungsanmeldung von Phillip. Er möchte „mal was ruhiger werden" und sich „besser konzentrieren können". „Und ich mach auch gern Musik", sagt er, auf mein bevorzugtes therapeutisches Medium anspielend. Wir verabreden einen Termin.

Einzelstunde mit Ingo. Ich befürchte, dass es ihm schlecht geht im Angesicht des Amoks, kommt er doch wegen seiner Ängste. Er wünscht sich eine Musikreise, da er heute kein Thema habe. In der imaginierten Begegnung mit einem weisen alten Mann hört er die Botschaft: „Du musst dich deiner Angst stellen!" In der Weiterarbeit über Malen findet er heraus, dass das Weglaufen vor der Angst nicht gut sei und er seine inneren Sätze verändern wolle. „Ich schaffe das!", sei der Satz der Woche, sagt Ingo.

„Vor dem Amok habe ich keine Angst. Ich habe mit meinen Eltern darüber gesprochen und gelesen und ich fühle mich in dieser
Schule hier ganz sicher", sagt er. „In der Grundschule hätte ich
bestimmt Angst gehabt, hier ist das anders wegen der Lehrer, die
sind hier netter!"

Einzelstunde nun mit Zara, mit der ich seit fünf Stunden arbeite.
Sie wurde auf Wunsch ihrer Mutter wegen schlechter Schulleis-
tungen angemeldet. Ihre Lehrer beschreiben Zara als überaus so-
zialkompetent, ihre Mutter stehe jedoch unter Leistungsdruck,
der ihnen weniger nötig erscheine. Heute hat Zara, und das hatte
sie schon angekündigt, eine Freundin aus der Klasse mitge-
bracht, damit ich mit ihr in Kontakt käme und wir einen Termin
ausmachten. Ich bitte Nadja, kurz zu erzählen, worum es gehe.
Nach wenigen Worten wird klar, dass Nadja offenbar unter großen Ängsten nach sexuellen Übergriffen leidet. Ich sage ihr, dass
bei mir große Not ankomme und ich sie dennoch bitten muss,
dass wir das alleine besprechen. Nadja meint, sie wolle jetzt alles
erzählen: vor Zara. Es gäbe keine Geheimnisse zwischen ihr und
ihrer Freundin. Ich bremse Nadja, weil ich Zaras Raum schützen
möchte und auch Intimes nicht in ihren Raum dringen lassen
will, da ist Zara besonders gefährdet. Nadja versteht das. „Kann
denn Zara nicht in meine Stunden mitkommen?", fragt sie leise.
„Warum ist das wichtig?", frage ich, ahnend, dass wie so oft bei
Kindern in bedrängenden Situationen, häusliche Widerstände der
Therapie entgegenstehen. „Meine Mutter ist nicht begeistert,
dass ich zu einer Therapie gehe. Sie hat auch nur zugestimmt,
weil Zara meine beste Freundin ist und so gerne hierhin kommt.
Meine Mutter hat Angst, dass es mir geht wie meiner Cousine.
Die ist in eine Klinik gegangen und danach war die verrückt. Ich
habe auch oft Angst, verrückt zu werden." Ich sage, dass ich mir
vorstellen könne, dass ihr Dinge passiert seien, die ihr Angst
machten und dass sich das im Nachhinein manchmal so anfühle,
als würde man verrückt – mein Versuch, das sich in späteren Sitzungen deutlich zeigende vorliegende Posttraumatische Belas-
tungssyndrom in Kürze kindgerecht zu erklären. Ich biete an,
dass ich einmal mit ihr alleine spreche und dann mit den Eltern

zusammen, damit Nadja weiß, worauf sie sich einlässt, bevor sie sich innerlich an mich bindet. Auch deute ich an, dass es sein kann, dass sie außerhalb der Schule Therapie machen müsse. In diesem kurzen Erstkontakt schwingt bereits soviel Missbräuchliches, Grenzverletztes und Traumatisiertes mit, dass es gut sein kann, dass dies den Rahmen von Schultherapie sprengt. Ich werde versuchen, hier als Brückenbauerin zu therapeutischen Stellen zu fungieren – schweren Herzens, denn ich weiß, wie schwierig spezialisierte Therapeut/innen zu finden sind, erst recht wie schwierig Therapieplätze für Kinder mit traumatischen Erfahrungen – und es tut mir sehr leid, dass Nadja sich öffnen will und ich sie erst einmal wegschicken muss.

Wir verabreden einen Termin, ich gebe Nadja zusätzlich meine Telefonnummer.

Die Zeit ist vorangeschritten. Mit Zara gehe ich noch kurz auf den Besuch ihrer Freundin ein. Zara ist dankbar, dass ich Nadja gestoppt habe. Sie freue sich, wenn Nadja bei mir bald Hilfe bekomme, da sie selbst schon viel zu viel von Nadja in Anspruch genommen sei und sie all diese heftigen Sachen eigentlich nicht wissen wolle, weil es sie überfordere. Überhaupt sei es oft viel zu viel, was andere von ihr wollten. Sie könne sich durch die vielen Probleme, die die anderen in ihrer Klasse hätten, nicht mehr auf sich konzentrieren. Sie hat heute ihre „Hausaufgabe" gemacht, eine Musik mitbringen, die ihr hilft, wenn es schwer und zuviel ist. Sie möchte mir ein Lied vorspielen. Wir rücken zusammen, da sie es auf dem MP hat. Ich bin von der eindringlichen Botschaft des Liedes ein wenig angerührt. „Du musst auf dein Herz hören!", tönt der vom bekannten Rapper mehr gesprochen-skandierte Refrain an mein Ohr. „Der Refrain ist für mich das Wichtigste, meine Orientierung für mein Leben", sagt Zara, die nun mit ihren 13 Jahren sehr reif wirkt. „Wenn mein Freund, wie jetzt gerade, nicht mit mir sprechen will und komisch ist, dann sage ich ihm auch: ‚Du musst auf dein Herz hören.' Wenn es nicht mehr stimmt zwischen uns, dann ist das so. Aber höre nicht auf das, was andere dir einreden." Ich schlage ihr vor, ihrem Herzen hier ein wenig zuzuhören. Sie setzt sich zurück, legt eine Hand auf ihr Herz und schließt die Augen.

„Mein Herz sagt, dass ich eigentlich genug Menschen habe. Ich will viele aus meiner Klasse gar nicht als Freunde, da ist mein Herz gar nicht. Ich bin ihnen wichtig, aber sie mir nicht. Mir sind mein Freund, Doreen und meine Tiere wichtig. Als ich letztens sehr unglücklich war, da habe ich das alles meinem Pferd erzählt und dann ist das auf einmal, weg von den anderen, alleine einen eigenen neuen Weg zum Futtertrog gegangen und da habe ich seine Botschaft verstanden: Ich soll meinem Herzen folgen und meinen eigenen Weg gehen." Zara wirkt glücklich.

Eine Stunde zu warten auf den Deutschunterricht am Ende des Schulmorgens, steht nun an. Ich gehe ins Teamzimmer und führe hier intensive Gespräche über den Amoklauf. Sorgen werden deutlich: „Was tust du dann konkret, wenn da jemand plötzlich schießt?" „Da wäre ich so erstarrt, da mach ich gar nichts", sagt mein Kollege. „Die Lehrer sollen sich mehr um ihre Schüler kümmern, stand heute Morgen in der Zeitung", sagt meine Kollegin. Hinter einem Stapel von 120 Vergleichsarbeiten sitzend, wirkt sie bleich: „Das schaffe ich nicht!" Das glaube ich ihr – zuviel ist zuviel. „Mensch, das war früher doch nicht so! Ich versteh die Welt nicht mehr." „Wie gut, dass sie zu dir in die Therapie können!", seufzt die ältere Kollegin schwer. Die Medien in ihrer Verantwortung und die Bindungslosigkeit und die fehlenden Eltern und die zu hohen und die zu niedrigen Leistungsanforderungen werden nun Thema. Alle wirken ein wenig gestresst und versuchen, zur Tagesordnung überzugehen. „Du musst auf dein Herz hören!", klingt es in mir nach.

Nachklang und Ausblick
So viel Not und so viele Kinder mit Problemen, an denen sie leiden, und auch so viel Selbstkompetenz: Das ist der schulische Alltag. Das ist die Realität der Kinder, wie sie sich und andere erleben, in meiner Schule, einer ganz normalen Gesamtschule in Nordrhein-Westfalen, die Kinder von der 5.-13. Klasse betreut und an vielen Punkten als innovativ gelten darf. Erfreulicherweise gibt es in unserer Schule für all die Sorgen der Kinder einen Raum, an dem sie sein dürfen: die schulische Therapie.

Der Bedarf der Schüler/innen nach kreativtherapeutischer Begleitung ist hoch, die Thematiken sind vielschichtig, aufregend und drängend. Ich könnte gut eine weitere Therapeutin an meiner Seite gebrauchen.

Meine schulische Therapie- und Beratungsarbeit mit den Kindern in dieser Woche zeigt sich wenig direkt durch den Amoklauf bestimmt, insofern ist der Bericht über diese Woche in meiner Schule dennoch als typisch zu bezeichnen. Auffallend war, dass in den Wochen danach bei zahlreichen Schüler/innen das Thema Angst einen zentralen Stellenwert einnahm. Es ist zu vermuten, dass sich die latente Bedrohung über den Amok auf anderen Wegen (Kinder meldeten sich vermehrt wegen diffuser Angstthematiken an, etwa wegen Angst vor Überfällen auf dem Schulweg, vor Einbrüchen etc.) einen Weg zur Verarbeitung suchte. Zugleich schützt sich die kindliche Psyche offenbar, indem sie eine reale Bedrohung für minimal hält. Wichtig scheint, dass Kinder schnell und unkonventionell Raum für ihre Nöte und Ängste bekommen, nicht übersehen werden oder ins Leere laufen – es braucht Zeit und Raum für Kinderseelen.

1.6 Perspektivwechsel: Was zu tun ist und was wir getrost lassen dürfen

Jüngere Forschungen, in denen man sich mit den Resilienzen (Widerstandskräften) von Kindern beschäftigt hat, lassen berechtigte Hoffnung wach werden, dass gerade Schulen den aktuellen gesellschaftlichen Entwicklungen etwas entgegensetzen können. Doch die Erwartungen dürfen nicht zu hoch gehängt werden. Erziehung allein, Lehrer/innen allein, müssen mit all diesen neuen gesellschaftlichen, sozialen und individuellen Anforderungen überfordert erscheinen. Es gilt zu unterscheiden, was Schulen sinnvoller Weise tun, was sie aber auch getrost „lassen" dürften. Doch in jedem Fall gilt: Wenn Schule auf gesellschaftliche Entwicklungen sinnvoll reagieren soll, reicht es schon lange nicht mehr aus, immerfort vertraute, längst überkommene Wege zu beschreiten, also schlicht mehr Wissen zu verlangen.

Mehr derselben Anstrengung allein scheint zum Scheitern verurteilt. Wenn in der Institution Schule etwas getan werden kann, dann besteht das darin, die Krise wahrzunehmen und sich mit Zeit und Raum dem einzelnen Kind in seinem „So-Sein" zu widmen, abseits von Vereinfachung, Pauschalisierung, Ideologisierung, Verleugnung, Kampf, Härte und Spaltung, ernst zu nehmen, was ist. Schule als Krisenpatient zu sichten, heißt vor allem, nicht mehr wegzuschauen von der Bedürftigkeit des einzelnen Kindes!

„Zu den Grundirrtümern unserer Zeit gehört die – leider überaus folgenschwere – Ansicht, Kinder und Jugendliche seien biologische Selbstläufer, deren Entwicklung von einem inneren genetischen Programm gesteuert werde und deren Gedeihen gesichert sei, wenn man in ausreichendem Maße für Unterkunft, Hygiene und Ernährung sorge." (Bauer 2007, S.125) Per Bildung würden Schüler dann gleichsam informiert, wie die Welt funktioniere, während ihr Erleben in der Welt irrelevant sei. Für immer mehr Schüler/innen bedeutet diese beschriebene leichtfertige Auffassung Ausschluss, Unmöglichkeit zur aktiven Partizipation an Unterricht und Gesellschaft, weit entfernt von der durch die Richtlinien geforderten „mündigen Teilhabe" (Ministerium für Schule und Weiterbildung, 1999). Immer mehr Schüler/innen benötigen, wenn auch oftmals nur kurz- oder mittelfristig, therapeutische Einzel- und Gruppenangebote zur Förderung ihrer Sozialkontakte und Emotionalität, für ein Mehr an Lebens- und Erlebenskompetenz.

Es gibt sicher nicht *die* Antwort auf die Schulkrise und doch können wir versuchen, neuartige Antworten auf die Fragen von Schule im 21.Jahrhundert zu finden, so die schulische Evolutionsgeschichte ein Stück kindgerechter fortzuschreiben und weiter zu entwickeln. Die alte Trennung zwischen sogenannten „gesunden/normalen" Schüler/innen und anderen, die einen besonderen Förderbedarf haben und als „krank" gelten, lässt sich nicht mehr aufrecht erhalten. Der Übergang zwischen „auffällig" = „sonderbeschulungs-bedürftig" und „normal" ist in allgemeinbildenden Schulen fließend. Immer mehr Kinder benötigen therapeutische Hilfen und Beratungen, abseits der durch den ICD 10 (Internationales Klassifizierungssystem psychischer Erkran-

kungen) erfassten Krankheitsbilder oder des Grades der Sonder-
bzw. Förderbeschulung. Zugleich verzeichnen psychotherapeu-
tische Praxen für Kinder und Jugendliche einen hohen Zulauf
mit immensen Wartezeiten – die Kooperation mit Schulen ist oftmals durch die vorhandene Arbeitsüberlastung nicht mehr gegeben.

Verbindung statt Trennung ist angezeigt. Eine Graben zie-
hende Trennlinie zwischen Therapie und Schule, zwischen Biologie, Wissenschaft, Psychologie und Pädagogik, zwischen
Theorie und Praxis, aber auch zwischen Geist, Seele und Körper
scheint überholt: Neue Wege müssen beschritten, neue Kooperationen gefunden werden – dazu möchte die Konzeption Kre-
TAS, **Kre**ativ-**T**herapeutische **A**rbeit in **S**chulen, anregen,
einladen und Mut machen. Ganzheitliches Erleben von Kindern
braucht seinen Platz, Raum und Zeit sowie materielle und professionelle Zuwendung in der Institution Schule. KreTAS ist
somit unverzichtbarer Teil einer „unterstützenden Lernumge-
bung" (Ministerium für Schule und Weiterbildung, 1999).

2

Das KreTAS-Konzept – Kinder fördern durch kreative Therapie in der Schule

Die Konzeption zur Kreativtherapeutischen Arbeit in Schulen (KreTAS) wurde in den Jahren 1998 bis 2009 von der Autorin auf der Grundlage der Kreativen Leibtherapie nach Baer/Frick-Baer entwickelt und in der Gesamtschule Rheydt-Mülfort seit 1999 als individuelle Förderkonzeption durch kreative Therapie umgesetzt. Zunächst als Gruppenförderung zur Übergangsbegleitung nach der Grundschulzeit und Integrationshilfe für Schüler/innen der 5. Klassen begonnen, bietet KreTAS heute sowohl Einzeltherapie und Beratung von der 5.-13. Jahrgangsstufe, beraterisch-supervisorische Begleitung für Lehrer/innen sowie einjährige gruppentherapeutische Förderung, „Musikförder" genannt. Die Gruppenförderung versteht sich als Teil der schulischen Gesamt-Förder-Konzeption, wie etwa LRS-Förder, Mathematik-Förder etc. Besondere Schwerpunkte der KreTAS-Arbeit sind die Förderung der Bereiche Emotionalität und Soziabilität.

2.1 Zur Verbreitung kreativtherapeutischer Arbeit in Schulen

Kinder in Nöten brauchen neue Wege der Hilfe und Förderung. Daraus erwachsen erste Kontaktversuche zwischen Schule und kreativer Therapie, vor allem im Sonder- und Förderschulbereich, in integrativen Grundschulen, als Solitär-Maßnahme in Projekt-Aktionen (Kaster 2009), fachunabhängigem Ausgleichsunterricht, als Hochbegabtenförderung durch schulische Fördervereine u. ä. (Tüpker/Hippel/Laabs). Neuerdings verweisen Autor/innen auch auf Nutzungsmöglichkeiten musiktherapeutischer Ansätze in allgemeinbildenden Schulen, hier vor allem in den Bereichen Prävention und Integration (Hortien/Hippel in Tüpker et al 2005; Barnowski-Geiser 2009). Insgesamt ist kreative Therapie in Schulen noch als Orchideendisziplin zu bezeichnen, eine staatliche Konzeption und finanzielle Unterstützung fehlt bislang gänzlich.

In den spärlichen ersten Kontaktversuchen wird auf Probleme der Berührung dieser unterschiedlichen Welten verwiesen. Vor allem aus dem Bereich Musiktherapie liegen schulische Pioniererfahrungen vor. Beklagt wird von den Therapeut/innen, dass Musiktherapie als eine „andere Form von Musikunterricht" oder als „Abschiebeort für nicht regelkonforme Schüler" (Hippel in Tüpker u.a. 2005, S. 19) angesehen werde. Demgegenüber steht ein starkes Bedürfnis bei Lehrer/innen nach therapeutischer Hilfestellung und Unterstützung. Die Musiktherapeutin Menebröker kam in einer 2001 durchgeführten Untersuchung von Musiktherapie in der Grundschule zu dem Ergebnis, dass 98 Prozent der Lehrerinnen (91 Befragte von 14 Grundschulen) ein therapeutisches Angebot in der Schule wünschten. Probleme scheinen sich weniger aufgrund grundlegender Unerwünschtheit therapeutischer Arbeit in Schule zu ergeben, sondern vielmehr aufgrund von Schwierigkeiten bei der konkreten Realisation, etwa durch mangelnde Kooperation. Insbesondere die mangelnde Anerkennung musiktherapeutischer Arbeit durch Lehrerkollegien wird beklagt. Menebrökers Auffassung nach „sind Therapieangebote an Schulen nur dann sinnvoll, wenn sich Lehrer und Therapeuten als ein ‚Team' sehen, in dem sich in regelmäßigen Abständen über Prozesse ausgetauscht wird. Ohne diesen Austausch und aus Mangel an Verständnis kann es durchaus zu ‚kontraproduktiven Maßnahmen' von Seiten der Kollegen kommen". (Menebröker nach Tüpker/Hippel/Laabs 2005) Intermediale Konzeptionen, die die Medien Musik, Kunst, Theater und Poesie integriert in Schulen anwenden, sind noch weniger verbreitet. Erste intermediale Erfahrungen und Forschungen konnten im Bereich der kindlichen Alkoholbelastung in Schulen gesammelt werden (Barnowski-Geiser 2009).

2.2 Theoretische Grundlegung

Das Feld der kreativtherapeutischen Arbeit in der Schule ist ein weites: unbekanntes Terrain, in dem Pionierarbeit zu leisten ist. Es scheint wesentlich, Erkenntnisse aus Wissenschaft und Forschung zu transferieren, um kreativtherapeutischer Arbeit ihren Weg in die Schule zu ebnen. Erkenntnisse der Neurowissenschaften, Lernforschung und Leibtherapie liefern interessante Hinweise, die zur Kooperation und Umsetzung dienlich erscheinen.

Pädagogik-Kunst -Therapie: Mehrperspektivität

KreTAS versteht sich als eine Schnittfelddisziplin der Bereiche Kunst/Musik, Therapie und Pädagogik. Der spezifische integrative Mix der Bereiche und ausdrücklich nicht ihr wechselseitiger Ausschluss ist Teil der innovativen Konzeption: Die besondere Situation von Schüler/innen in der Jetzt-Zeit erfordert m. E. neuartige Verknüpfungen. Die traditionelle Orientierung, hier Pädagogik, dort Therapie, letztere allenfalls eingesetzt für „Behinderte", sonderpädagogisch förderungsbedürftige Schülerinnen, „Kranke", „psychische Sonderfälle", wird einer sich an der Neuzeit orientierenden Schule und einem dementsprechend gewandelten Menschenbild nicht mehr gerecht. Die immer drängendere Problemlage in Schulen, in denen Kinder nicht erst seit den furchtbaren Amokläufen zunehmend auffällig werden, erfordert ein Zusammenwirken aller Kräfte: Pädagogik, Kunst/Musik und Therapie dürfen sich nicht länger ausschließen, sondern müssen sich dringend zum Wohle von Schülerinnen und Lehrer/innen befruchten – ohne die jeweilige spezifische Aufgabe der einzelnen Felder aus den Augen zu verlieren und ihre jeweiligen Grenzen und Begrenzungen zu achten. „Hier treffen übrigens Künstler, Wissenschaftler und Therapeuten zusammen, denn in Bezug auf den Menschen und seine Lebensprozesse bringen alle drei etwas ‚zur Sprache', was dieser Mensch aufgrund dessen, was als ‚Störung' bezeichnet wird, zunächst nicht oder nicht befriedigend tun kann. Und auch wenn Wissenschaftler, Künstler und Therapeut in Personalunion eine reale Person wären, bringen sie doch in den jeweils unterschiedlichen Rollenperspektiven auf unterschiedliche Weise etwas zur Sprache." (Kriz 2002, S.85)

Neben Chancen birgt die Arbeit in einer Bildungsinstitution auch Gefahren: Rollenkonflikte und -diffusionen, unreflektierter Gebrauch von Macht und eine zu starke Orientierung am System statt am Individuum, Loyalitätskonflikte lauern am Wegesrand – schulisch-therapeutisch-beratende Arbeit macht fortlaufende Supervision unverzichtbar.

Terminologisch zeigen sich in verschiedenen Bereichen Schnittfeldbegrifflichkeiten, die die Berührung unterschiedlicher Felder terminologisch wiederspiegeln: Man spricht in der personalisierten Form vom Lehrer-Musiktherapeuten (Mahns), von Schüler-Patient/innen (Benenzon; Mahns), benennt „pädagogische Musiktherapie" (Kemmelmeyer/Probst), „Musiksonderpädagogik" (Lumer-Henneböle), „heilpädagogische Musiktherapie" oder „musiktherapeutische Methoden in der Pädagogik" (Hortien) sowie Musiksozialtherapie (Lenz) (Terminologie nach Bruhn 2000).

Notwendigkeit zur Kooperation zeigt sich in unterschiedlichen Arbeitsfeldern eindringlicher denn je. „In zahlreichen Beiträgen zum Erleben von Musik und deren Bedeutung für psychische und physische Prozesse entstanden neue Überlegungen zur Didaktik musikalisch-pädagogisch-therapeutischer Arbeit. (Mahns 1997, S.113).

Neurowissenschaftliche Erkenntnisse und das KreTAS-Konzept

Jedes Schülerleben ist maßgeblich bestimmt durch biografische Ereignisse, bestimmte Lebenssituationen und menschliche Interaktionen und Erfahrungen, aber auch durch neurobiologische Abläufe, die durch vorweg beschriebene Faktoren determiniert sind und diese zugleich neuerlich bestimmen. „Ein Kind ist kein Aktenordner, in den man Blatt für Blatt Wissensinhalte einheften kann, sondern ein Lebewesen, dessen Erleben und Verhalten neurobiologischen Grundlagen unterworfen ist." (Bauer 2007, S.13)

Durch neue bildgebende Verfahren (Magnetresonanztomografie) können Prozesse in menschlichen Hirnen inzwischen sichtbar gemacht werden, was in den letzten zehn Jahren teilweise zu bahnbrechenden und umwälzenden Erkenntnissen, insbesondere auch für die Erforschung des Lernens, geführt hat. Man kann heute Aktionspotenziale menschlicher Hirne aufzeigen und, vereinfacht gesprochen, nachweisen: Alles im Gehirn ist letztlich Impuls. Die Überleitung der Impulse läuft über Synapsen, die Stärke der Übertragung dieser Impulse hängt von der Größe dieser Synapsen ab, die Größe der Synapse wiederum von ihrer Nutzung. Lernen und Entwicklung stellt somit aus neurowissenschaftlicher Sicht nichts anderes als die Bildung von Synapsenoberflächen dar, deren Verschaltungen, verwenden wir erneut ein stark vereinfachendes Bild, mehr oder weniger tief ausgetreten „Trampelpfaden" im Gehirn gleichen (Spitzer 2003). Zentrale Erkenntnisse sollen im Folgenden in ihrer Bedeutung für schulische Therapie, Beratung und Förderung dargestellt werden.

Plastizität – kindliche Gehirne sind veränderbar
Menschen lernen immer und überall. Ihre Gehirne verändern sich fortlaufend – ob sie das wollen oder Lehrer/innen dies planen oder nicht. Schüler/innen (und natürlich auch ihre Lehrer/innen) lernen nicht nur in der Schule. Menschliche Gehirne verfügen über eine hohe Plastizität, gemachte Erfahrungen werden neuronal abgespeichert. Jede Emotion, jede Stressreaktion hinterlässt Spuren im Gehirn, es finden neuronal permanent Bahnungsprozesse statt, die einem nutzungsabhängigen Verkehrssystem gleichen. „Ist aus einem ehemaligen Feldweg erst einmal eine schöne breite Straße oder gar eine Autobahn geworden, auf der man schnell von hier nach dort kommt, fahren auch viele hier entlang, selbst dann, wenn sie gar nicht dorthin wollen, wohin sie führt." (Hüther 1999, S.25) Schüler/innen können eingefahrene Spurrillen, um im Bild zu bleiben, nur verlassen, indem sie neuartige Erfahrungen mit anderen Bezugspersonen und mit kreativen Medien machen und so neue neuronale Spuren verfolgen, gleichsam erlebend entwickeln und tiefen. Eingetretene

„Trampelpfade", etwa die der Angst zu versagen, können ent-
lernt werden und neue Erfahrungen durch gezieltes Erleben von
Wertschätzung nachgeholt werden.

Nicht nur „Köpfchen" – warum Schüler/innen Raum für Gefühle brauchen

Gerade in der schulischen Welt kommt es durch eine einseitige
Überbetonung des Verstandes zu einem Aussparen der emotionalen bzw. seelischen Ebene. Selbst in den Ansätzen, die sich er-
freulicher Weise auf die Fahne schreiben, „ganzheitlich" zu
arbeiten, wird allenfalls die motorische und körperliche Ebene
angesprochen. Fühlen scheint im schulischen Kontext, in dem
man der Vorstellung folgt, dass nüchtern Köpfe über suspekte
Gefühle regieren, verpönt. Allenfalls als Reden über Fühlen, als
Randerscheinung in Projektwochen und Sonderaktionen, bekommt die Seele ihren stiefkindlichen Platz zugewiesen. Doch
auch das Fühlen wird in Schulen erlernt, am Modell (Schüler-
/innen lernen Fühlen auch an der Art und Weise, wie ihre
Lehrer/innen Gefühle zeigen und bewerten) und in Beziehung
(insbesondere auch an und mit ihrem Mitschüler/innen), durch
erworbene Erfahrungen und ihre Wiederholung als Bahnungsprozesse im Hirn neuronal vernetzt und abgespeichert. Zugleich
stellt das Fühlen einen zentralen Aspekt in der Fähigkeit zu lernen dar. Eine Trennung zwischen Denken und Fühlen ist ein ge-
dankliches Konstrukt, das mit den tatsächlichen Vorgängen in
menschlichen Gehirnen wenig gemein hat. Hirnforscher fanden
heraus, „dass Großhirnrinde und Limbisches System eine unauf-
lösliche Einheit bilden und dass Kognition nicht möglich ist ohne
Emotion, dem erlebnismäßigen Ausdruck des Prozesses der
Selbstbewertung des Gehirns" (Roth 1997, S.178).

Jedes Lernen ist zunächst eine Sinneswahrnehmung. Informationen, Eindrücke, Ereignisse treten als Sinneswahrnehmun-
gen an das Gehirn heran und werden dann in Impulse verwandelt. Damit ein Mensch von den einströmenden Fakten und
Zahlen, Daten, Ereignissen nicht völlig überschüttet wird, muss
eine Filterung und Sortierung stattfinden. Das Wissensgedächtnis
arbeitet hier eng mit den Teilen für Gefühl und Antrieb zusam-

men. In den Verbindungen zwischen limbischen System und Großhirnrinde wird alles nach Bewertungskriterien sortiert. Gelernt wird, was neu und wichtig erscheint. Dieser Zusammenhang ist ein ungeheuer komplexer Vorgang, der in seiner versuchten Beschreibung immer eine ebenso ungeheuerliche Vereinfachung darstellen muss. Jedes Denken ist eng mit Emotionen und Fühlen verknüpft und ein körperlicher Prozess. Diese Komplexität pointiert Damasio wie folgt: „Die Seele atmet durch den Körper und Leiden findet im Fleisch statt, egal, ob es in der Haut oder in der Vorstellung beginnt." (Damasio 1997, S.19) Somit ist evident, dass Kinder und Jugendliche, die intensiv mit ihren Gefühlen beschäftigt sind, die sich durch Lebensereignisse und Belastungen schlecht fühlen, in ihrem Lernverhalten massiv eingeschränkt sind. Bislang wird in Schulen diesem Aspekt kaum Rechnung getragen – die Berücksichtigung der Emotionalität als Förderkompetenz ist insofern zu begrüßen. Da es sich bei der Emotionalität jedoch um eine sträflich vernachlässigte Ebene handelt, fehlen Kompetenzen und Fachleute, sich dem emotionalen Erleben nicht nur per Kopf zu nähern. Es ist etwas anderes, ob ich ein Gefühl spüre oder ob ich darüber rede. Schule ist ein Ort, an dem Gefühle toben – sie werden in ihrer massiven Bedeutung für die Entwicklung von Schüler/innen bislang maßlos unterschätzt. Kindern, die nicht oder eingeschränkt fühlen können, ist eine zentrale Erlebensqualität abhanden gekommen, die ihre gesamte Entwicklung maßgeblich beeinträchtigen kann (Barnowski-Geiser 2009).

Niemand lernt allein – Schüler/innen brauchen Beziehung
Welche Verschaltungen im Gehirn aktiviert werden, hängt maßgeblich von der sozialen Interaktion ab. Der einzige Maßstab des Kindes für die Bewertung des Erfolges seiner Bemühungen ist die Einschätzung und Beurteilung seiner Bemühungen durch ihm nahe stehende Personen (Hüther 1999, S.68). Das kindliche Gehirn folgt dem grundsätzlichen Prinzip, neue Interaktionen (neuronale Verbindungen und synaptische Verschaltungen) nur auf der Grundlage bereits vorhandener Interaktionsmuster zu bilden. Die Verbindung nach außen zur Welt macht eine Änderung in

der Eigendynamik des Gehirns notwendig, etablierte Verschaltungen werden von außen beeinflussbar, das Außen verhilft zu psychosozialer Kompetenz, Liebes- und Lernfähigkeit. Was uns Menschen umtreibe, seien nicht Fakten und Daten, sondern Gefühle und andere Menschen: ihre Geschichten, meint der Neurobiologe Manfred Spitzer (2003). Auch Hüther definiert Liebe als ein Naturgesetz und das Gehirn als „Sozialorgan" (Hüther 1999). Die Vernetzung und Ausformung des Hirns ist auch in dieser Hinsicht nutzungsabhängig. „Mehr noch, da nun durch sensorische Eingänge getriggerten Erregungsmuster dazu führen, dass bestimmte neuronale Verschaltungsmuster stabilisiert werden können, hängt die Stabilität dieser Verschaltungen von den jeweiligen sie stabilisierenden Eingängen und Erregungsmustern ab. Von diesem Zeitpunkt ab läuft die Hirnentwicklung nicht mehr autonom gegenüber sensorischen Impulsen, sondern sie wird durch die sensorischen Eingänge aus der Außenwelt bestimmt und bleibt von ihnen abhängig." (Hüther/ Bonney 2003, S.29) Mangelerfahrungen im sozialen Bereich können so frühzeitig neuronale Spuren einschleifen, die schwer zu verlassen sind, wenn nicht neuartige Erfahrungen ermöglicht werden. Lernen und Entwicklung ist demnach vor allem abhängig von emotionaler Bewertung.

Bindungen sind dabei die wichtigsten Ressourcen zur Bewältigung von Unsicherheit und Stress. Haben Kinder diese Bindungsfähigkeit in ihrem Elternhaus nicht erlernt, so muss sie dringend an anderen Stellen nachgeholt werden. Dies kann in der Regel nicht allein ein Lehrer bei 30 Schüler/innen leisten, hier braucht es eine Person, die sich, abseits des Unterrichtsgeschehens, professionell und kindgerecht in die Beziehungserfahrung mit Schüler/innen begibt. Zugleich braucht es aufklärende Arbeit im Elternbereich, um diese zu ermutigen und befähigen, in ihren Bindungsdefiziten Hilfe zu suchen und anzunehmen. „Die therapeutische Situation bei Jugendlichen wird oft durch eine nur scheinbare weitgehende Einsichtsfähigkeit in die eigenen Probleme und Reaktionsweisen erschwert. Hierdurch gerät der Therapeut in die Versuchung, wie in der psychoanalytischen Behandlung oder in der Gesprächstherapie erwachsener Patienten, die Probleme ausschließlich verbal aufarbeiten zu wollen. In Wirklichkeit bedarf aber der Jugendliche bis über die Pubertät hinaus der Übertragung und der Erfahrung einer positiven Beziehung zum Therapeuten." (Tölle 1996, S. 336) Reden und Lösungen zu suchen allein ist somit nicht ausreichend, es geht vielmehr um die Beziehung zwischen Kind/Jugendlichem und Therapeuten. „Heilend wirkt weniger das Bewusstwerden einer Konfliktsituation als das Erleben einer neuen Beziehung zu einem Therapeuten (Übertragung)." (Tölle1996)

Einfühlen und Mitfühlen – Spiegelneuronen in ihrer Bedeutsamkeit für emotionale und soziale Entwicklung von Schüler/innen

Mitzufühlen und in Resonanz zu gehen konnte durch beeindruckende Entdeckungen der Neurowissenschaften im Gehirn lokalisiert werden, Mitfühlen und Einfühlen ist demnach neuronal verankert. Als bahnbrechend für soziale und emotionale Entwicklung zeigt sich dabei die Entdeckung der Spiegelneuronen, denn diese ermöglichen Einfühlung in andere Menschen, „Warum ich fühle, was du fühlst", wie es Joachim Bauer pointiert in seinem Buchtitel zum Ausdruck bringt. Spiegelneuronen stellen die Grundlage von Mitgefühl und Einfühlung dar, erlauben es vermutlich, dass sich Menschen in andere hineinversetzen können. Sie sind somit eine wesentliche Grundlage des gewaltfreien und angemessenen sozialen Miteinanders auf der Grundlage emotionaler Teilhabe (Breuer 2002). Der Forscher Hitchinson wies nach, wie eine Patientin auf das Pieksen mit einer Nadel in ihren eigenen Finger neuronal ähnlich mit dem Feuern einer Einzelzelle reagierte wie auf das Zusehen, als sich der Forscher in den Finger piekste (Bauer 2006). „Spiegelneutronen sind Nervenzellen in einer Doppelfunktion. Einerseits sind sie an sensorischen oder motorischen Funktionen des Gehirns beteiligt, wie es bei den Schmerzzellen der Fall ist. Andererseits spiegeln sie Vorgänge, die wir in unserer Umgebung beobachten, in einer Art neuronaler Simulation nach." (Breuer 2002, S.70) Schüler/innen, die in den Breichen des einfühlenden Miteinanders wenig familiäre Unterstützung hatten, brauchen somit dringend Angebote außerhalb von Regelunterricht, in denen sie sich dem Aspekt ihrer eigenen Emotionalität, ihrer Einfühlung und dem einfühlenden Miteinander im sozialen Raum zuwenden können.

„Jetzt" ist vielleicht noch nicht zu spät – schulisches Lernen im individuellen biografischen Zeitfenster
Hirnforscher fanden in Tierversuchen heraus, dass es für das Lernen bestimmter Fähigkeiten sogenannte kritische Zeitfenster gibt, außerhalb derer sie nicht mehr nachholbar sind. Um im Bild der bereits beschriebenen Spuren und Trampelpfade im Gehirn zu bleiben: Spuren, die im kindlichen Alter angelegt werden, sind deutlich tiefer und massiver sind als die im späteren Erwachsenenalter entstandenen. „Demzufolge liegt es auf der Hand, dass Versäumnisse während der kritischen Entwicklungszeitfenster, also das Vorenthalten von Gefühlen, Spielen, Erfahrungen und Lernen und den damit gekoppelten Erfolgs-(Glücks-)Erlebnissen oder das Erzeugen von Entmutigung und Frustration, die Ausreifung der lernrelevanten Hirnsysteme negativ beeinflussen müssen." (Braun/Meier 2004, S.2) Schüler/innen benötigen einen Raum, in dem Mangelerfahrungen, insbesondere auch im emotionalen Bereich, nachgeholt werden können – und zwar frühzeitig. „Frühe Sinneseindrücke, Erfahrungen und Lernprozesse werden hirnbiologisch dazu benutzt, die Entwicklung und Ausreifung der noch unreifen funktionellen Schaltkreise im Gehirn zu optimieren. Während dieser kritischen oder sensiblen Zeitfenster werden die Denkkonzepte, die ‚Grammatik' für späteres Lernen, und auch die mit jedem Lernprozess untrennbar verknüpfte emotionale Erlebniswelt angelegt." (Braun/Meier 2004, S.2.) Dieser Eingriff und Zugriff auf die emotionale Welt des Kindes wurde in Lernkonzepten bislang weitgehend außer Acht gelassen. Verhaltens- und Lernstörungen können aus falsch geschalteten emotionalen Regelkreisen entstehen (Bauer 2006). Schüler/innen tragen das hohe Risiko durch Erfahrungen, die sie familiär, schulisch etc. längerfristig und wiederholt belasten, ungünstige synaptische Verschaltungen aufzubauen. Dadurch kann es zu einem dauerhaft ungünstigen Umbau der in Mitleidenschaft

gezogenen Emotionsschaltkreise kommen. Ein solches „falsch geschaltetes" neuronales Netzwerk kann zu Verhaltens- und Lernstörungen bis hin zu psychischen Erkrankungen führen und irreversibel werden – wenn nicht frühzeitig eingegriffen wird, gerade bei Kindern aus belasteten Familien (Suchtbelastung/psychische Belastung etc.) (Barnowski-Geiser 2009).

Die leiborientierte Ausrichtung des KreTAS-Konzeptes

In der Arbeit nach dem KreTAS-Konzept werden die Denkmodelle und Methoden der kreativen Leibtherapie für das schulische Feld nutzbar gemacht, im Mittelpunkt steht somit das sich mit Körper, Seele und Geist im sozialen Raum erlebende Kind. „Nichts Menschliches ist ganz und gar unleiblich", schreibt Merleau-Ponty, die systematischen Grundlagen einer Phänomenologie des Leibes darlegend (Merleau-Ponty 1966). Erleben, Leib und Leben mit dem Wortstamm ‚lip', sind zentrale Elemente und Ausgangspunkt des Denkens in der Leibphilosophie. „Leiblichkeit ist die grundlegende Weise des menschlichen Erlebens" (Fuchs 2000, S.15), der Leib sei in der Welt wie das Herz im Organismus (Merleau-Ponty 1966). Kinder und Erwachsene bewegen sich mit Körper, Seele und Geist im sozialen Raum.

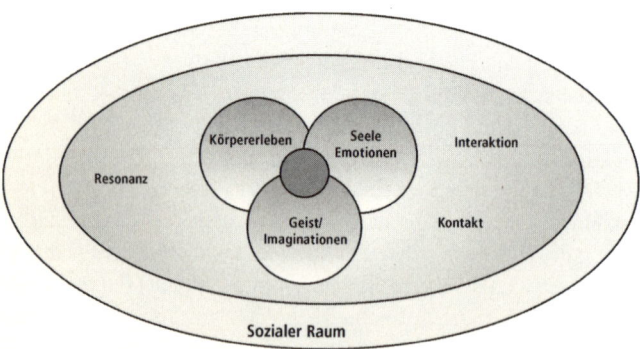

Abbildung 1: Leibmodell (in Anlehnung an Baer/Frick-Baer)

Baer/Frick-Baer setzten den leibphilosophischen Ansatz methodologisch in die Kreativen Therapien des Tanzes, der Gestaltung und der Musik um und entwickelten eine entsprechend geprägte Diagnostik und Methodik, die den Menschen in seinem ganzheitlichen Erleben fokussiert. Am Beispiel des Mediums Musik erklären Baer/Frick-Baer nachvollziehbar ihre leiborientierte Ausrichtung: „Wir setzen Musizieren und Musikhören absichtsvoll so ein, dass die Fähigkeit und die Vielfalt des Erlebens unterstützt und gefördert werden. Das Erklingen ist nicht die einzige Leibregung, die in der Musiktherapie von Bedeutung ist, auch wenn sie im Vordergrund unserer Aufmerksamkeit steht. Wir gehen jeder inneren Beteiligung nach, fragen nach dem, was ins Schwingen kommt, nach den inneren Bildern und Gefühlen, nach Stimmungen und dem Körpererleben. Musizieren und Musikhören ist Zugang zum Erleben und Ausdruck des Erlebens – beides nutzt die Musiktherapie." (Baer/Frick-Baer 2005a, S.339)

Als zentral für die therapeutische Arbeit zeigten sich Aspekte, die sich in der phänomenologischen und therapeutischen Praxis mit Erwachsenen und fachtherapeutischen Zielgruppen (etwa ADHS, Ess-Störung etc) als nutzbar erwiesen, insbesondere die Arbeit mit Raum- und Richtungsleibbewegungen (rückwärts und vorwärts gewandtes Erleben sowie die Arbeit mit Bedeutungsräumen), mit konstitutiven Leibbewegungen, Körpererleben, Resonanzqualitäten und -ebenen sowie mit dem Leibgedächtnis, denn „jede Sinneserfahrung enthält einen Anteil an früherer Leiberfahrung" (Merleau-Ponty 1966, S.75).

„Musizieren und Musik-Hören unterstützen und integrieren aber auch die anderen Leibregungen. Oft ist es sinnvoll und sogar notwendig, von der Leibregung des Tönens und Klingens zu anderen Leibregungen zu wechseln, um den therapeutischen Prozess seinen angemessenen Weg gehen zu lassen. Für uns gilt: Musiktherapie ist ein besonderer Teil kreativer Leibtherapie. Wir bezeichnen unseren musiktherapeutischen Ansatz deshalb auch als leiborientierte Musiktherapie." (Baer/Frick-Baer 2005a, S.339) Ansätze im kindertherapeutischen Bereich befinden sich in der

Entwicklung (Baer/Barnowski-Geiser 2005a; Baer/Frick-Baer 2005b, Baer/Barnowski-Geiser 2009; Barnowski-Geiser 2009).

Wenn Worte nicht reichen – der spezifische Nutzen kreativer Therapie für Schüler/innen

Kreative Therapie ermöglicht Resonanzprozesse und Erfahrungen abseits der Worte. Gemeint ist mit Resonanz hier nicht nur der physikalische Begriff der Schwingung, also etwa Amplituden und Frequenzen, sondern sie wird weiter gesehen als:

- Miteinanderschwingen von Mensch und Medium, wie etwa mit Instrumenten im musikalischen Dialog, mit Musik vom Tonträger in der rezeptiven Therapie, mit Ton und Farbe usw.
- Erlebnisqualität von Resonanz in Beziehung. Im kreativen Dialog findet sowohl Resonanz mit dem Medium als auch Resonanz der Beziehung statt und qualifiziert diesen damit zu einem probaten Mittel in der Arbeit mit sogenannten schwierigen Schüler/innen. Konfliktpotential kann erklingen, Verqueres und Schräges ein Gegenüber, der Mangel nährenden Anklang, Unerhörtes einen lebendigen Spiegel erfahren, wie etwa im musikalischen Sharing. Bislang Verborgenes und Unsichtbares kann hör- und sichtbar, gemeinsam gestaltet und verändert werden.

Kreative Therapie kann besonders hilfreich sein für Schüler-/innen, bei denen Worte nicht (er)-reichen, da:

- Hocherregung und Gefühl unmittelbaren Ausdruck erfährt,
- mit und in Resonanz mit dem gesamten Menschen (Körper, Seele und Geist) gearbeitet werden kann,
- Kreative Medien Unaussprechbares mitteilbar machen,
- sie eine Möglichkeit bietet, sich zu richten, neue Orientierungen zu finden,
- ein Gegengewicht zum „Ich-bin-falsch", dem fehlenden Selbstwert, der sich oft unter der Fassade des besonders „Cool-Seins" verbirgt, entwickelt werden kann, indem ein abwertungsfreier Spielraum zur Verfügung gestellt wird und

der zentrale Ort der Bewertung, der innere Kern gestärkt wird,

- neue Ressourcen und Handlungsstrategien entwickelt werden,
- Beziehungsstrukturen im kreativen Dialog hör-, sicht- und veränderbar werden,
- das kreative Medium als Spiegel der eigenen seelischen Prozesse von Schüler/innen erlebt werden kann,
- diese neuartigen Erfahrungen im Hirn neuronal vernetzt werden und das aktive musikalische und sonstige kreative Tun neue „synaptische Trampelpfade" (Hüther) ebnet.

In der schulisch-musiktherapeutischen Arbeit im Sinne des Kre-TAS-Konzeptes wird ein intermedialer Ansatz favorisiert. Schüler/innen als selbstkompetente Klient/innen können ihr Medium der Wahl von Stunde zu Stunde wählen. Insbesondere das Medium Musik ermöglicht die Anknüpfung an prätraumatische Zeiten. „Und diese Zeit stellt für die meisten von uns die Basisressource für das weitere Leben dar." (Decker-Voigt 2005, S. 23)

Therapeutisches und pädagogisches Selbstverständnis im Zusammenklang

In der schulischen Arbeit wird dem Zuwachs von Wissen und Bildung, dem Lernerfolg von Schüler/innen möglichst sichtbar und überprüfbar eine große Bedeutung beigemessen. Bildungs- und Verhaltensziele werden benannt, überprüft, abgefragt, bewertet. Im therapeutischen Raum dagegen gilt eher Offenheit. In der Arbeit nach dem KreTAS-Konzept werden weniger operationalisierbare Lernziele verfolgt, sondern allenfalls Absichten. Eine Absicht kann sein, verhärtete Muster („Immer wenn mir einer zu nahe kommt, dann flippe ich aus.") aufzuweichen. Hier mag sich eine gewisse Ferne zum klassisch schulischem Verständnis andeuten, erscheint derartige Therapie doch vielleicht dem pädagogisch Orientierten wenig zielgerichtet. Diese grundsätzlich erscheinende Gegensätzlichkeit gilt es in der konkreten Arbeit zu überwinden, nicht das „Entweder-Oder", sondern das

„Sowohl-als-Auch" der beiden Bereiche zeigt sich hilfreich. Im Fokus steht zunächst nicht eine konkret angestrebte Verhaltensänderung, nicht ein pädagogisches Ziel, sondern vielmehr wird angestrebt, mit der inneren Welt der Kinder in Resonanz zu treten, woraus in der Folge Veränderungen erwachsen. Manchmal fordern Lehrer/innen, abrupt und reduziert, schlicht und ergreifend und schnell Veränderung, mit der aus ihrer Sicht verständlichen Auffassung: „Der Schüler stört und soll damit aufhören!" Zugleich machen Lehrer/innen die wiederkehrende Erfahrung, dass sämtliche Sanktionen, Gespräche mit Einsichtsappell etc. keine Verhaltensänderung bewirken. Dann soll Therapie das Wunder erbringen, das Pädagogik nicht vollbrachte. Die Ursache schulischer Störungen muss jedoch in einem weiteren Blick gesehen werden, tiefer gehend erforscht werden. Dann ist der erste Schritt der therapeutischen Arbeit im Sinne des KreTAS-Konzeptes nicht die „Verbesserung des Verhaltens", sondern die Beziehungsaufnahme, die Würdigung des subjektiven Erlebens (Baer/Barnowski-Geiser 2005a), um einen Zugang zur inneren Welt von Schüler/innen zu bekommen. Wenn Verhalten längerfristig verändert werden soll, so muss es der tiefen, gewandelten oder unterstützten Eigenüberzeugung der Schüler/innen entspringen. Erst eine grundlegend wertschätzende Therapiehaltung abseits von Erziehungsversuchen lässt Öffnung, auch Open-state, möglich werden, um anschließend Veränderung, im Sinne einer Erhöhung von Wahlmöglichkeiten, zu bewirken. Zielvereinbarungen werden hierbei mit den Schüler/innen zusammen individuell getroffen, sie dienen der Orientierung in der gemeinsamen Arbeit.

Die Ziele der Schüler können durchaus ganz anders gelagert sein als die der Eltern und Lehrerschaft. Der „Störenfried" möchte vielleicht zunächst einmal einen Mitschüler als Freund gewinnen; oftmals zeigt sich in diesem Kontext der eigenen Zielvorgabe schon ein Teil des Störverhaltens begründet. Das soziale Bedürfnis etwa ist in der subjektiven Werthierarchie höherrangig, auch während des Unterrichts möchte der Schüler Kontakt bekommen, abseits vom allgemeinen Unterrichtsziel.

Die Wünsche etwa von Lehrern und Eltern an das Kind sind zugleich begleitender Teil der Gesamtaufmerksamkeit, pädagogische Ziele und therapeutische Absichten in einem lebendigen „Sowohl als auch" zeigten sich in den Erfahrungen als ein lebbares und hilfreiches Grundverständnis. Denn nur auf die Seite des Schülers zugehen, etwa eine verquere Selbsteinschätzung („Ich störe überhaupt nicht!") zu stützen und die Rückmeldungen des umgebenden Systems nicht ernst zu nehmen, würde Kindern und Jugendlichen ebenso wenig gerecht wie die ausschließliche „Systemanpassung". Schüler/innen, die dauerhaft außerhalb eines Klassensystems stehen, leiden.

KreTAS arbeitet leiborientiert und beschäftigt sich mit Leibregungen, also Aspekten des Erlebens, die der Wahrnehmung Schüler/innen, zumindest potentiell, zugänglich sind. Dazu zählen körperliche, seelisch-emotionale, geistige und soziale Regungen, wie auch Befinden, Stimmungen und Gefühle als affektive Regungen, Impulse und Erregungen (Vitalitätseffekte) als auch Leibbewegungen (Baer, Frick-Baer 2004). KreTAS versteht sich als Muster verändernd, indem Wahlmöglichkeiten von Schüler/innen bezüglich ihres Erlebens und Verhaltens erhöht werden. Beziehung zu Schüler/innen wird ausdrücklich gesucht und fokussiert, Bindungsstile- und biografische Erfahrungen sind Teil der Diagnostik und Therapie. Zugleich wird jede/r Schüler-/in als für sich kompetent gehört und ernst genommen (Klientenkompetenz), ohne die Sicht des die Schülerinnen umgebenden Systems außen vor zu lassen. Basierend auf einem humanistisch-psychologischen Menschenbild, das von den kreativen Potentialen des Menschen ausgeht, fußend auf der phänomenologischen Philosophie und den kreativen Künsten werden kreative Veränderungs- und Lösungsmöglichkeiten von den Schüler/innen improvisierend und experimentierend gleichsam selbst erarbeitet.

Die therapeutische Haltung von KreTAS wurzelt in der kreativen Leibtherapie nach Baer/Frick-Baer, zentral geprägt durch die Begriffe Würde, Begegnung und Resonanz. Störungen von Schüler/innen, Verhaltensauffälligkeiten und abweichendes Verhalten werden als Teil kindlicher Copingstrategie, die im Leben des Kindes zunächst einen Sinn macht, ernst genommen. Es gilt, den Kern im inneren Erleben der Schüler aufzuspüren, um von dort aus eine neue Sicht auf das abweichende Verhalten möglich werden zu lassen. Ein Beispiel: Wächst ein Schüler etwa in einer sehr belastenden, gewälttätigen Familie auf, kann es sein, dass er sich schützt, indem er die Dinge um ihn herum nicht mehr wahrnimmt, Reize ausblendet, Gefühle vermeidet, vielleicht in eine Traumwelt flüchten. Wird dieses Coping wiederholt als rettend erlebt, träumt sich dieses Kind auch in der Schule in eine andere Welt, hört nicht zu, passt nicht auf und wirkt vielleicht grundlos abgelenkt. Das schulische Träumverhalten kann erst aufgegeben werden, wenn es nicht mehr als Rettung im Zuhause dienen muss (Barnowski-Geiser 2009; Baer/Barnowski-Geiser 2009). Zentral scheint, die individuellen Wünsche von Kindern an Therapie einzubeziehen. Ich habe spezielle Methoden für den kreativtherapeutischen Erstkontakt entwickelt, die individuelle Zielvorgaben von Schüler/innen zur Sprache bringen, sie lassen sich auf spielerische Art und Weise individuell ermitteln und am Ende der Therapie überprüfen (Barnowski-Geiser 2009).

Leiborientierte Diagnostik im System Schule

Das der Konzeption zugrunde liegende Diagnostikverständnis ist auf höchstmöglichen Einsichtgewinn ausgelegt, interaktiv und prozessual, d.h. (Barnowski-Geiser 2009):

- Aussagen und eigenes Erleben von Schülerinnen werden ausdrücklich mit in die Diagnostik einbezogen.
- Beschreibungen aus dem die Schülerinnen umgebenden System werden eingeholt.
- Es erfolgt nicht nur eine Anamnese zu Therapiebeginn, sondern leiborientierte Diagnostik versteht sich als spiralförmiger Prozess des fortschreitenden Einsichtgewinns.
- Interaktiv aufgefasst orientiert sie sich an fortlaufend aktualisierten Bestandsaufnahmen der Selbsteinschätzung von Schülerinnen und des sie umgebenden erlebten Umraums.

Der Fokus ist in einem mehrperspektivischen Sinne breit, es werden nicht nur krankmachende Faktoren und Störungen ermittelt, sondern auch Resilienzen (Widerstandskräfte) und protektive, also schützende Faktoren, gerade auch im sozialen System.

Es gilt, größtmögliche Einsicht in körperliche, seelische, geistige Aspekte des Erlebens von Schüler/innen in ihrem sozialen Raum zu erfassen, mit dem Ziel, das zugrunde liegende Coping des abweichenden Verhaltens deutlich werden zu lassen. Es wird für den Schülerklienten gleichsam ein jeweils individuelles Puzzle des Erlebens unter nachfolgenden Aspekten erforscht:

Ist-Zustand
Phänomene und Muster in leibtherapeutischen Feldern des Erlebens, Lernstörungen und kreatives Erleben, z. B. Musikerleben, insbesondere die schulische Problemsituation.

Biografisches Material und Entwicklungsstand
„Life-events" (Umzug, Tod nahe stehender Angehöriger etc.), vorliegende medizinische Diagnosen, schulische Probleme und Auffälligkeiten, altersbedingt anstehende Entwicklungsaufgaben, diagnostizierte Entwicklungsverzögerungen und Lernstörungen, erfolgte Therapien und Maßnahmen, Konfliktthematiken der Bereiche Familie, Gleichaltrige, Kindergarten/Schule, Besitz, Spiel, Krankheit, kulturelle Aspekte (Bauers et al. nach Frohne-Hagemann/Pleß-Adamczyk 2004).

Erlebter Umraum: System und Bindungsmuster
Familiäres Lebensmodell, auch in der Mehrgenerationenperspektive, familiäre Interaktionsmuster und Bereitschaft zur Kooperation, Resonanzen im Familiensystem, Bindungsmuster (nach Bowlby 2008), Entwicklungsaufgaben nach Frick-Baer/Baers-Konzept der Tridentität, schulische Bindungen und Bindungsprobleme, schulische Bindungsbiografie.

Selbstzuschreibungen und Fremdwahrnehmungen

Selbstauskünfte von Schüler/innen, Zuschreibungen des Systems (Lehrer/innen, Mitschüler/innen), Resonanzen und Wahrnehmungen der Therapeutin.

Ressourcen und Ziele (Copingstrategien und Helfer)

Protektive Faktoren, Hilfreiches, Rettendes (Kreativität, Hobby aktuell ausgeübt in Vereinen etc.), passiv Hilfreiches, Verschüttetes (Hobbies, soziales Netz, Klassenverbindungen etc.). Individuelle Zielvorgaben, divergierende Vorgaben und Diskrepanzen in der System-Perspektive.

2.3 „KRASS" – die 5 Bausteine des KreTAS-Konzeptes

Fünf Aspekte in der Arbeit erwiesen sich in der 10jährigen Arbeit als besonders maßgeblich, so dass sie als Bausteine des KreTAS-Konzeptes bezeichnet werden sollen. Diese sind:

K reativität
R essourcenstärkung
A nklang
S elbst-Bewusst-Sein
S chul-Nähe

Diese Hilfefaktoren der beraterisch-therapeutischen Arbeit wurden in den Befragungen von Schüler/innen als wirksam beschrieben und benannt. Die Anfangsbuchstaben der ermittelten fünf Bausteine ergeben das in der Schülersprache gebräuchliche Wort „KRASS".

Baustein Kreativität

„In den Bildern konnte mein Körper erzählen, was ich sonst nicht sagen kann."

Kreativität stellt in Schule Ziel und Weg zugleich dar: Kreativität ist durch die Richtlinien avisiertes Lernziel und aktiver Weg des Ausdrucks. „Lernen in diesem Sinne muss künstlerische Ausdrucksformen und affektive Zugänge zur Wirklichkeit einbeziehen." (Richtlinien Musik 1999, S. 13) Schüler/innen können durch kreative Medien zum Ausdruck bringen, was sie bewegt, über die Worte hinaus oder oftmals auch statt Worten. Da, wo Worte nicht zu finden sind, lässt sich etwas im Klang, in der Farbe oder in der Bewegung zum Ausdruck bringen, was ansonsten vielleicht unsagbar bliebe. Gerade in der Sekundarstufe 1 ist die Zusammenarbeit mit Schüler/innen stark durch die Folgen der Pubertät geprägt, einer Zeit der starken Verunsicherung und Hilflosigkeit. Das, was Schüler/innen bewegt, kann sowohl musiziert, bewegt, gemalt werden, Unsagbares findet seine passende künstlerische Gestalt im Tun oder auch im Hören. „Der sprachlose Raum ist keineswegs ausdruckslos (...) Der sprachlose Raum ist auch der Hintergrund für kreative Prozesse. Als Quelle des Schöpferischen ist er aber auch wesentliche Voraussetzung für eine gesunde Entwicklung." (Richter 1997, S.61f) Zugleich eröffnet der improvisierende spielerische Umgang die Möglichkeit, eigene seelische Potentiale nach außen zu bringen und eigene Lösungswege zu entdecken. Besonders Methoden und Verfahren der rezeptiven Musiktherapie konnten selbst bei pubertierenden Schüler/innen einen sonst eher schwierig erscheinenden Zugang eröffnen (Barnowski-Geiser 2009).

In der vorliegenden Konzeption war Musik dabei das Basismedium. Im Sinne eines intermedialen Verständnisses wurde in der Klientenzentrierung jedoch auch mit anderen Medien wie Gestaltung, Tanz- und Bewegung, Imagination, Körperarbeit und Improvisationstheater, kreativem Schreiben und Poesie gearbeitet. Worte allein reichen nicht aus, um Veränderung zu erreichen. Bemühen wir noch einmal den neurowissenschaftlichen Blick: „Um Veränderungen zu bewirken, muss man erstens die vorhandenen Trampelpfade und Spurrillen verlassen. Dazu müssen die Menschen Neues erleben. Dem dient die Nutzung kreativer Medien, dem dient das Betreten von Neuland durch Experimente ... Zweitens reicht nicht die Einsicht, dass es diesen oder jenen Trampelpfad gibt, sondern es bedarf neuer Erfahrungen. Nur dadurch verändert sich das Gehirn." (Baer 2005, S.17f)

Was Schüler/innen sagen:

„Für mich war das Trommeln und zusammen auf Instrumenten Spielen am wichtigsten. Das habe ich früher gar nicht gemacht. Dadurch, dass ich das machen konnte, hatte ich einfach schon mal viel bessere Laune und war nicht mehr so schlecht drauf – dadurch war ich einfach insgesamt ruhiger geworden und konnte mich wieder konzentrieren."

„In der Arbeit war die Arbeit mit dem Körperbild für mich am wichtigsten. In den Bildern konnte mein Körper erzählen, was ich sonst nicht sagen kann. Überhaupt konnte ich mich über Bilder gut ausdrücken. Musik mag ich nicht besonders, deshalb war es gut, dass ich das auch nicht machen musste, sondern andere Sachen wie Malen gingen."

„Es hat sich so angefühlt, als könnte ich mit der Gitarre schreien – das war gut!"

Baustein Ressourcenstärkung

„Ich bin einfach nicht mehr so schlecht drauf."

Wenn Schüler/innen in die Beratung oder Therapie kommen, dann meist, weil sie mit sich oder andere Probleme mit ihnen haben. Leicht gerät in den Fokus, was nicht klappt, wo sie stören, sich hindern usw. Schüler/innen, die Schwächen haben, haben auch Stärken, für die sie oftmals lange kein Echo erhalten haben. In allen Schüler/innen sind auch Potenziale angelegt, Ressourcen, kostbare Züge, die es zu würdigen gilt. Wenn es möglich wird, einen Zugang zu diesen kostbaren, vielleicht verschütteten Anteilen zu finden, entwickelt sich ein neuer Blick auf das Selbst und Selbstwert wird erfahrbar. Auch das Verständnis für die eigene Entwicklung und Biografie, die eigene Befindlichkeit, wie und wodurch sie ausgelöst wurde und Einsichten in die aktuelle Situation eröffnen über erfühlendes Verstehen einen Zugang zur eigenen Wertigkeit.

In der Arbeit mit ADHS-Kindern verwenden wir den griechischen Begriff Semnos, der den würdigenden Umgang mit Kindern auch terminologisch determiniert (Baer/Barnowski-Geiser 2005a). Wieder gewonnene Ressourcen müssen als wichtiger Faktor der Resilienz und Leistungsfähigkeit von Schüler/innen angesehen werden.

Was Schüler/innen sagen:
„Heute bin ich eine Harfe, ich klinge hell. Ich hab noch immer Probleme, weiß aber, wie ich die angehe, wo ich Hilfe kriege. Ich weiß, dass ich auch Stärken hab, was Freunde an mir mögen – ich bin nicht nur scheiße!"

„Es war wichtig, dass ich in der Therapie wieder lachen gelernt habe."

„Als es mir besser ging, wurden auch die Zensuren besser. Ich bin jetzt richtig gut – das ist mir jetzt schon fast peinlich!"

„Ich weiß jetzt, dass ich viel durch hab, aber auch, dass ich stark genug bin, alle Probleme zu lösen."

Baustein Anklang

„Sich mal aussprechen können und dass jemand zuhört – das hat geholfen."

„Anklang zu fühlen, macht die eigene Daseinsberechtigung für uns fühlbar und konkret erlebbar." (Gindl 2002, S.15) Viele Schüler/innen sind immer öfter, wie schon beschreiben, früh familiär auf sich allein gestellt. Anklang finden, Resonanz bekommen, jemanden, der ihnen zuhört, ist eine oftmals unbekannte Erfahrung oder eine wenig gemachte. In der Arbeit nach dem KreTAS-Konzept wird Kindern in zweierlei Hinsicht Anklang ermöglicht:

Erstens werden durch das kreative Ausdrucksmedium, etwa durch Musik, neuartige Resonanzerfahrungen eröffnet. Resonanz bedeutet „zurück-tönen" oder „antworten durch Mittönen", im Kontakt mit Instrumenten wird Resonanz unmittelbar erlebbar. Das Instrument oder eine von der CD gespielte Musik in der rezeptiven Musiktherapie kann etwas ausdrücken, was Schüler/innen mit und über Worte vielleicht nicht sagen und erleben könnten. Musik kann zum Spiegel der eigenen seelischen Befindlichkeit werden.

Zweitens wird Resonanz in der Beziehung zur Therapeutin oder anderen Gruppenteilnehmer/innen erfahren. Dabei leistet der kreative Dialog besondere Dienste. In der musikalischen Improvisation können soziale Probleme neue Anklänge finden, der als „zu laut" betitelte Schüler kann die Qualität des Leisen erleben und neue Erfahrungen machen: etwa nicht überwältigt zu werden, wenn er zart ist. Im musikalischen Dialog findet eine Verdichtung statt durch die Gleichzeitigkeit polarer Gegensätze wie Nähe und Distanz. „Die musikalische Phantasie kann solche Kraft und Schärfe annehmen, dass sie die Realität an Deutlichkeit übertrifft." (Hegi 1986, S.154) Schüler/innen können zugleich in der Wahrnehmung bei sich sein und mit anderen schwingen, in Schwingung und Beziehung handelnd ein neues Selbst-Konzept entwickeln.

„Der Patient oder Klient soll ein Bild von sich aufbauen, im dem er sich selbst als liebenswert sieht und die für ihn wichtigen anderen als bereit, ihm Zuwendung zu geben. Wenn die bisherigen Erfahrungen einem solchen Bild widersprechen, dann könnten neue Erfahrungen nur in Beziehungen mit sicheren Bindungsqualitäten zu neuen Bewertungen alter Erfahrungen führen." (Grossmann/Grossmann nach Buchheim 2005, S.86f)

Für viele Schüler/innen ist die Erfahrung von Anklang und Resonanz oftmals gekoppelt an erste Erfahrungen von Zugehörigkeit – zum ersten Mal in einer (therapeutischen) Gruppe aufgenommen zu sein, dazu zu gehören im „So-Sein", oft erstmals einen Freund oder eine Freundin zu finden, ermöglicht oftmals neue soziale Interaktionsmöglichkeiten, ein anderes Zugehen auf die Klassengemeinschaft und andere Gruppen innerhalb und außerhalb von Schule und damit eine Erfüllung tiefer kindlicher Sehnsüchte.

Was Schüler/innen sagen:

„Ich habe in der Therapie wieder Vertrauen gelernt – dann konnte ich zu Leuten aus der Klasse Vertrauen kriegen, neue Freunde finden. Dass jemand für mich allein da war und zuhört – das hat geholfen."

„Als die anderen nach meiner Musik gesagt haben, was sie über mich hören, da habe ich mich verstanden gefühlt."

„Zum ersten Mal war das, was ich denke und fühle, wirklich wichtig – das hat viel verändert. Da hatte ich auch wieder mehr Lust auf Schule."

Baustein Selbst-Bewusst-Sein

„... einfach sein, wie ich bin!"

Bevor sich Schüler/innen angemessen in den sozialen Raum begeben können, müssen sie zunächst einmal im Kontakt mit sich selbst sein. Sie müssen ein Bewusstsein für sich, ihren Körper, ihre Befindlichkeit entwickeln, das wir in der leiborientierten Therapie als Leibgewahrsein bezeichnen. Selbstbewusstsein setzt eben diesen beschriebenen Prozess voraus. Voraussetzung, um sich seiner selbst gewahr zu werden, ist Achtsamkeit. Achtsamkeit betrifft Körper, Seele und Geist und ist somit ein leiblicher Prozess. „Achtsamkeit ist ein leibliches Phänomen, eine Haltung der Aufmerksamkeit, die sich jenseits von geistigem Verstehen, körperlichem Spüren und emotionalem Fühlen bewegt und doch diese Elemente einschließen kann." (Baer/Frick-Baer, 2001, S.33) Insofern kommt der Achtsamkeit gegenüber dem Atem, den Sinnen und dem Körper eine besondere Bedeutung in der Arbeit nach dem KreTAS-Konzept zu.

„Wenn im Rahmen der leiborientierten Selbstentfaltung Körperbewusstheit, aufgefasst als Teil der Selbstbewusstheit, gefördert wird, so erweitern sich die Grenzen des Selbstbewusstseins." (Bolaender/ Frick-Baer 2007, S.73) In der Arbeit mit Schüler/innen muss altersgemäße Achtsamkeitsschulung einen Platz finden. Sowohl die Methode des R.L.M. (Resonanzgestützte Leiborientierte Musikkreise) als auch Spielanleitungen, in denen Achtsamkeit geübt wird, wurden gezielt entwickelt und eingesetzt (Barnowski-Geiser 2004; 2005; 2009). Auch Körper-bildarbeit wurde kindgerecht weiterentwickelt (Barnowski-Geiser 2009). „Sinneserfahrungen sind die Brücke zwischen Mensch und Umwelt. Über Sinneserfahrungen findet Begegnung statt, Sinneserfahrungen lassen die Welt in den Menschen ‚hinein' und geleiten den Menschen in die Welt ‚hinaus'." (Baer 2007, S.160)

Was Schüler/innen sagen:
„Es war auch, glaube ich, wichtig, dass Sie nicht gesagt haben, was ich tun muss, sondern dass ich hier sein konnte, wie ich bin."

„Ich habe meine Gefühle wieder gefunden und dann konnte ich auch über mich reden. Seit ich besser über mich reden kann, habe ich erstmal hier in der Gruppe Freunde gefunden und jetzt kriege ich auch in der Klasse Freunde."

Baustein Schul- und System-Nähe

„Wenn man die nicht aus der Schule kennt, die Therapeuten, dann geht man da nicht hin."

Die Zusammenarbeit zwischen Schule und therapeutischen Ein-richtungen wird oftmals als schwierig beschrieben. Während Lehrer/innen Unterrichtsstörungen beschreiben, kommen Psy-chotherapeut/innen zum Ergebnis, dass das geschickte Kind „nichts habe", womit sie aus ihrem Blickwinkel vielleicht eine Störung im Sinne des ICD10 oder auf der Basis von Testdiag-nostik meinen. Oftmals scheint es an einem grundlegenden wechselseitigen Verstehen zu mangeln, in den Bereichen Schule und Therapie wird unterschiedlich kommuniziert und wahrge-nommen. Dies geht oftmals zu Lasten von Schüler/innen, denen aufgrund dieses Kommunikationsproblems der Erwachsenen nicht weitergeholfen werden kann. Zugleich beklagten manche Schüler/innen, die außerschulische Therapieangebote wahrnah-men, Gesprächslastigkeit der therapeutischen Angebote, wenn sie sich wenig an Bedürfnissen von Kindern und Jugendlichen orientierten oder überhaupt eine andere Sprache nutzten, oftmals weit entfernt von der Welt und Denkweise der Schüler/innen und ihrer Eltern. Auch befremdlich wirkende Diagnosen ohne sich anschließende Therapieangebote wurden häufiger bemängelt.

Die dem KreTAS-Konzept eigene System-Nähe zur Schule zeigte sich in mehrfacher Hinsicht:

- Die Therapeutin ist zugleich Lehrerin und Beratungslehrerin der Schule und damit Teil des vernetzten Systems.
- Die Praxisräume befinden sich in der Schule.
- Die Therapeutin nimmt an vielen schulischen Konferenzen und Besprechungen teil.
- Die Gruppenzuweisung erfolgt in Lernberatungskonferenzen in wechselseitigem Austausch von Lehrenden und Therapeutin.
- Es gibt regelmäßige Gespräche zwischendurch, auch außerhalb von Gremien und Terminen.
- Es finden regelmäßige Gespräche zwischen Abteilungsleitung und Beratungslehrerin/Therapeutin statt.
- Die Lehrer/innen und Eltern werden zu Beginn und am Ende der Therapie gehört, wenn nötig, auch öfter.

Den Rollenvermischungen wurde zunächst mit großen Bedenken meinerseits begegnet. Nach knapp zehnjähriger Arbeit ist festzustellen, dass sich die Schulnähe insgesamt als großer Gewinn erwies. Schüler/innen nutzen die Bekanntheit der Lehrerin als Vertrauensvorschuss, sie haben einen „kurzen Weg" und müssen nicht die Hemmschwelle auf dem Weg in außerschulische Institutionen überwinden. Therapie- und Beratungsstunden können innerhalb eines langen Ganztages platziert werden, was eine zeitliche Entlastung von Eltern und Kindern zur Folge hat. Die befragten Schüler/innen begrüßten ausdrücklich, dass die Therapeutin in der Schule ansprechbar sei. Befürchtetes „Ärgern" durch Mitschülerinnen oder Stigmatisierungen zeigten sich nicht und wurden auch nicht durch Kolleg/innen benannt.

Schulnahe Therapie im Sinne des KreTAS-Konzeptes kann selbstverständlich ebenso durch kreative Therapeut/innen, die in der Schule ihren Arbeitsraum haben, ausgefüllt sein. Entsprechende Vorbereitungen auf die besonderen Anforderungen des Systems, auch durch Praktika, sind in diesem Falle wünschenswert. Wenn Lehrer/innen therapeutische Zusatzausbildungen absolvieren, hat es den großen Vorteil, dass sie die Sprache und Denkweise von Lehrer/innen und Schüler/innen verstehen und sich entsprechend leichter auf das System Schule und seine Bedürfnisse einstellen können. Wesentlich scheint, dass die Gespräche mit Kolleg/innen, Eltern und Kindern genutzt werden, um die Möglichkeiten zur Kooperation, also alle zum Wohle des Kindes „ins Boot" zu holen, so weit als möglich auszuschöpfen.

Wenn eine Seite des Systems der Therapie nicht positiv gegenüber steht und sich nicht unterstützend verhalten wird, also etwa Lehrer/innen oder Eltern, sollte im Vorhinein überlegt werden, ob eine schulische Therapie überhaupt Sinn macht. Wird der therapeutische Prozess dennoch begonnen, muss allen Beteiligten klar sein, dass die Therapiefortschritte Begrenzungen unterliegen. Ein Kind, das zu Hause fortlaufend verbaler und körperlicher Gewalt ausgesetzt ist, wird kaum seine schulische Symptomatik einstellen können, ist diese doch gerade als nonverbaler Hilferuf zu verstehen. Unterschiedliche Erwartungen zu Therapiebeginn sind explizit zu benennen, unrealistische Erwartungen von Lehrer/innen oder Eltern auf den Bereich des Machbaren zu reduzieren. Ebenso sind die Grenzen schulischer Therapie in der Übernahme eines jeden Falles individuell zu beleuchten. Wenn ein Schüler drei Wochen Ferien aufgrund von wiederholten Krisen nicht alleine durchstehen kann, ist dies ebenso ein Ausschlussgrund wie wiederholte erforderlich werdende Kriseninterventionen während des fortlaufenden Schulalltags. Schulische Therapie ersetzt keinen anstehenden Klinikaufenthalt, kann ihn aber durchaus vorbereiten und nachsorgend begleiten. Tabuisierte familiäre Themen sind ebenfalls ein heikles Feld für Schultherapeut/innen, wenngleich gerade hier präventive Erfolge nachweislich sind (Barnowski-Geiser 2009). In der Praxis bewährt hat sich vernetztes Arbeiten. Die Schultherapeutin etwa arbeitet mit dem Schüler, die Eltern suchen parallel Erziehungsberatung. Für Krisensituationen und besondere Probleme haben wir in der Schule eine Vernetzung mit anderen Stellen professioneller Hilfe aufgebaut (ambulante Tagesklinik, schulpsychologischer Dienst, Beratungsstellen). Vernetztes Arbeiten mit außerschulischen Stellen wie der Jugendhilfe ist dringend empfehlenswert (Barnowski-Geiser 2006).

Was Schüler/innen sagen:
„Ich finde, es sollte auch in anderen Schulen Therapeuten geben. Meine Freunde auf anderen Schulen haben Probleme und die wissen echt nicht, wohin. Wenn man die nicht aus der Schule kennt, die Therapeuten, dann geht man da nicht hin."

„Wenn die Therapie nicht in der Schule gewesen wäre, wäre ich nie hingegangen. Ich glaub, das hätte dann ein ziemlich übles Ende mit mir genommen."

„Ich würde nie zu jemandem gehen, den ich nicht schon irgendwie kenne – ich brauch Vertrauen, damit ich über mich erzählen kann. Das ist deshalb gut, wenn man Therapie in der Schule machen kann."

2.4 Organisationsstruktur

Organisationsstruktur verschafft schulischer Therapie den ihr angemessenen Rahmen und stellt somit wesentliche und zentrale Voraussetzung für ihr Gelingen dar. Jede Schule muss die ihr gemäße individuelle Struktur finden, die Therapie vor Ort und eben in dieser Schule möglich werden lässt. Im Folgenden werde ich die Strukturen in meiner Schule, die sich in den 10 Jahren sukzessive entwickelt und bewährt haben, darstellen.

Die Gesamtschule Rheydt-Mülfort wurde 1997 als 4-zügige Gesamtschule gegründet. Nach einem Jahr wurde der Neubau in der Realschulstraße in Mönchengladbach-Rheydt bezogen. Seit dem Jahr 2005 ist die Schule bis zum 13. Jahrgang ausgebaut und beherbergt 1000 Schülerinnen und Schüler, 82 Lehrer/innen, einen Hausmeister und zwei Sekretärinnen. KreTAS ist Bestandteil der individuellen Förderkonzeption der Schule.

Die dortige Arbeit nach dem KreTAS-Konzept bezieht sich auf drei Felder: Förderung, Beratung und Musiktherapie. Es gibt drei

Beratungslehrer/innen in den Abteilungen 5/6, 7/8 und 9/10. Der Bereich 5/6 wird durch mich vertreten. Musiktherapie wird als Einzel- oder Gruppentherapie („Musikförder" genannt) angeboten. Die Dauer der Einzeltherapie kann von mir frei bestimmt und zusammen mit dem Schüler oder der Schülerin gestaltet werden. Es gab bislang Verläufe zwischen 3 bis 36 Monaten.

Es steht ein Beratungsraum für die drei Beratungslehrer/innen sowie ein ausschließlich zur Musiktherapie genutzter Musiktherapieraum zur Verfügung. Schüler/innen vom 5. bis 13.Jahrgang können Einzelmusiktherapie in Anspruch nehmen. Im Musiktherapieraum befinden sich vorwiegend afrikanische Instrumente, 20 Yogamatten, ein Punshing-Ball, Stofftiere, Puppen, eine Stereoanlage, ein therapeutischer Sandkasten und verschiedene Gouache- und Ölkreidefarben. E-Gitarren, Blasinstrumente und Schlagzeug können bei Bedarf im Musikraum mitbenutzt werden. Es wurde eine gesonderte Schallisolierung des Raumes vorgenommen (durch Teppiche an den Betonwänden), um ein Miteinander mit benachbarten Fachbereichen möglich werden zu lassen. Beschwerden wegen Lärmbelästigung sind selten, was ein recht freies Arbeitsklima schafft. Ein eigener Raum mit einer spezifischen Atmosphäre, abseits des Klassenklimas, erscheint unerlässliche Voraussetzung für die erfolgreiche Arbeit.

„Musikförder", das gruppentherapeutische Angebot, fand in den Jahren 1999 bis 2008 für die Klassenstufen 5-8 statt, seit 2003 für die Stufen 5 und 6 einmal in der Woche als Teil des allgemeinen Förderbandes, gekoppelt mit „LRS-Förder", „Mathematikförder" usw. Dieses Angebot zielt besonders auf die kontinuierliche Begleitung des Übergangs von der Grundschule zur weiterführenden Schule. Im Vordergrund steht die Integration der sich in einer Übergangssituation befindenden Schüler/innen. Zu Beginn des Schuljahres werden den Lehrer/innen der 5. Stufe grundlegende diagnostische Auffälligkeiten erklärt, die sie in den nachfolgenden Wochen an ihren neuen Schüler/innen beobachten sollen, um anschließend gemeinsam mit mir und der Abteilungsleiterin eine Zuweisung zum Angebot Musikförder 5 vorzunehmen. Ein besonderes Augenmerk wurde bislang auf sogenannte stille Kinder und Kinder, die sich mehr am Rande der Klassengemeinschaft zu befinden scheinen, gelegt. Ab der 6. Stufe wird das Förderangebot genderspezifisch, also getrennt geschlechtlich, durchgeführt, um der stärkeren getrennten Identitätsbildung Raum zu geben. Die Schüler/innen haben zwei Probesitzungen und melden sich dann bei Wunsch verbindlich für ein Schulhalbjahr an, was um ein weiteres verlängert werden kann. Eine Gruppe umfasst maximal 4 bis 6 Kinder. 95 Prozent der Schülerinnen nehmen ein gesamtes Schuljahr in Anspruch. Bis 2002 konnte das Angebot sogar über mehrere Jahre in Anspruch genommen werden. Die Gruppen werden nicht nach fachtherapeutischen Aspekten differenziert (also etwa nur „ADHS- Kinder", Hochbegabte etc.), sondern danach, wie die Schüler/innen nach meinem Eindruck und der Beschreibung ihrer Lehrer/innen zusammen passen. Dabei hat sich eine Kombination von „unruhigen" und „stillen" Kindern bewährt.

Beratung und Therapie arbeiten Hand in Hand. Der erste Schritt geht in der Regel zur für den Jahrgang zuständigen Beratungslehrerin. Diese wendet sich bei Bedarf an die Schultherapeutin oder verweist an Stellen außerhalb der Schule. Wenn der Gesprächsbedarf einen Rahmen von wenigen Einzelstunden übersteigt, kann nach Prüfung ein längerfristiges oder mittelfristiges Kreativ-Therapieangebot gemacht werden. Auch in der Beratungsarbeit lassen sich Methoden der KreTAS-Arbeit gut einsetzen, hier vor allem unter ressourcenstärkenden oder/und diagnostischen Aspekten.

Therapie und Beratung wird in unserer Schule für Schüler/innen mit folgenden Problemen und Symptomen empfohlen:

* Probleme im Lernverhalten (z. B. extreme Unruhe, ADHS/ADS, Disziplinmangel, Wahrnehmungsprobleme, massives Störverhalten)
* Entwicklungsprobleme (Verzögerungen in der Entwicklung, Pubertätsproblematik, sexuelle Identitätsbildung)
* Schulangst/Schulverweigerung/starker Rückzug, Mutismus
* Ess-Störungen (Bulimie, Magersucht)

- Selbstwertprobleme
- Hoch- und Niedrigbegabung
- Soziale Anpassungsschwierigkeiten (Außenseiterproblematik/ständige Streitereien mit Mitschülern und Lehrern, Mobbing etc.)
- familiäre Belastungssituationen/Trennung
- Schwierigkeiten in der Eltern-Kindbeziehung
- Schwierigkeiten in Lehrer-Schülerbeziehungen
- Gewalterfahrungen/Gewaltbereitschaft/posttraumatische Belastungsreaktionen und starke Kränkungen
- „Ritzen"/Autoaggression
- Suchtprobleme von Schüler/innen
- Familiäre Belastung/trinkende und süchtige Eltern, psychisch erkrankte und chronisch schwer erkrankte Eltern
- Verlust von Bezugspersonen/Tod nahestehender Personen
- Probleme durch Fremdunterbringung
- Vor- und Nachbereitung von stationären Aufenthalten

Während zu Beginn der Tätigkeit überwiegend Anmeldungen durch Lehrer/innen stattfanden, ist inzwischen die Zahl der sich selbst anmeldenden Schüler/innen sehr hoch- Schüler/innen kommen vielfach aufgrund der Empfehlung von Klassenkameraden und Freunden. Folgende Abläufe haben sich eingespielt:

a) <u>Anmeldung durch die Lehrer/innen</u>
   Lehrer/innen, die eine/n Schüler/in zur Einzeltherapie anmelden möchten, füllen zunächst ein Beratungsformular aus. Wenn entsprechende Kapazität zur Verfügung steht, findet nach Absprache mit der Abteilungsleiterin ein Gespräch zwischen Klassenlehrern, Schüler/in und Therapeutin statt. Stimmen alle Beteiligten der Aufnahme in die schulinterne Therapie zu, findet ein weiteres Gespräch zwischen Eltern, Schüler/in und Therapeutin statt. Ist auch hier die gemeinsame Einschätzung für den Prozessverlauf positiv, kommt es nach einer ersten Probestunde zum Kontrakt für ca. ein halbes Jahr, der in Ausnahmefällen verlängert werden kann.

b) Anmeldung durch die Abteilungsleiterin oder Beratungslehrer/innen

Die Abteilungsleiter/in/Beratungslehrer/in informiert die Klassenlehrer/in, ein Beratungsformular wird an die Therapeutin eingereicht.

c) Anmeldung auf Wunsch von Kindern oder Eltern

Hier schließt sich der oben genannte Ablauf an. Während der Therapiezeit findet mindestens ein Zwischen- und/oder Abschlussgespräch mit Klassenlehrern/Kind/Therapeutin statt (Barnowski-Geiser 2003b).

2.5 Qualitätssicherung, Evaluation und Beratung

Um Fortschritte in der individuellen Entwicklung von Schüler/innen zu erfassen, wurden spezifische kreativtherapeutische Methoden entwickelt und angewendet. Um die KreTAS-Konzeption zu überprüfen, wurde eine qualitative Forschungsstudie mit künstlerischen und narrativen Verfahren durchgeführt.

Zu Beginn der Therapie wird mit den Methoden des Zauberstabs und dem Zeitspannen-Tryptichon gearbeitet. Die hier gemachten Aussagen, Gestaltungen etc. werden gesammelt und dokumentiert. Sowohl die Therapeutin legt eine Dokumentation mit diagnostischen Verlaufsnotizen an wie auch die Schüler/innen angeregt werden, ein Therapiebegleitbuch zu führen, in dem sie alles, was ihnen in dieser Zeit wichtig wird, dokumentieren. Dies ist persönlicher Besitz der Schüler/innen, es wird keine Einsicht verlangt. Am Ende der Therapie findet neben den Abschlussgesprächen eine weitere Zeitachsen-Tryptichon-Befragung statt, die Therapiefortschritte und Veränderungen, aber auch offen Gebliebenes und weitere Ziele deutlich werden lässt (Methodik s. Barnowski-Geiser 2009).

2008 führten Dr. Udo Baer und die Autorin eine Evaluation in der Gesamtschule Rheydt-Mülfort der Arbeit nach dem KreTAS-Konzept durch. Hierbei wurden Lehrer/innen, Schüler/innen und Schulleitung in Interviews befragt und ihre Aussagen ausgewertet (Ergebnisse s. Anhang). Das KreTAS-Konzept wurde von Institut für soziale Innovation (I.S.I.) ausgewählt als Leuchtturmprojekt, um die erarbeiteten Grundlagen dem breiteren therapeutischen Praxisfeld zugänglich zu machen.

Auf Wunsch findet neben den Therapie- und Beratungseinheiten für Schüler/innen auch supervisorische oder begleitende Arbeit mit Lehrer/innen statt. Wenn Lehrer/innen in Situationen mit Schüler/innen festgefahren erschienen, wenn die schulische Arbeit zu belastete, drängende Klassenprobleme einen Blick von außen sinnvoll machten, konnte KreTAS auf Wunsch der Lehrer/innen hilfreich eingesetzt werden. Auch die Arbeit im gesamten Klassenverband (etwa in Mobbing-Situationen) oder mit Teilsystemen der Klasse (genderspezifische Probleme) wurde gewünscht und durchgeführt. Qualifizierungen für Lehrer/innen im Sinne der KreTAS-KRASS-Bausteine sowie die Erweiterung emotional-sozialer Kompetenzen von Lehrer/innen erscheinen sinnvoll.

2.6   KreTAS: was Schüler/innen dazu sagen

Nach beendeter Therapie fand mit den Schüler/innen nach Möglichkeit eine Befragung statt, diese erfolgte in unmittelbarem Anschluss an die Therapie oder als Teil der Evaluation nach mehr als einem Jahr nach Abschluss der Therapie (s. Anhang). Befragt wurden nur Schüler/innen, die mehr als 6 Monate zur Therapie kamen. Das Gespräch wurde handschriftlich mitprotokolliert (eine Bandaufnahme erschien zu verändernd und zu wenig anonymisiert). Die erste Frage war standardisiert gleich, die Leitfadenfragen wurden jeweils auf das Gesagte eingehend leicht abgewandelt.

Einige der mit Schüler/innen durchgeführten Interviews, die als typisch anzusehen sind, sollen hier beispielhaft wieder gegeben werden. Als Altersangabe wurde das Alter zum Zeitpunkt der Befragung angegeben.

„Irgendwie ist alles jetzt sinnvoller in meinem Leben. "

Bella, 8.Klasse, 13 Jahre

Anmeldung durch ihre Lehrer in der 6. Klasse, Bella störe sehr viel, sei ständig abgelenkt und in Konflikte verwickelt, wirke unerreichbar. Sie bleibe deutlich hinter ihrem eigentlichen schulischen Leistungsvermögen zurück.

W. B.-G.: Was fällt dir ein, wenn du an die Zeit in deiner schulischen Therapie denkst?

B.: Seit ich in der Schule Therapie hatte, fühlte ich mich freier und irgendwie erleichtert. Ich hatte das Gefühl, das tut mir einfach gut, einfach schon zu wissen: Einmal die Woche ist da jemand für mich, gab mir Sicherheit.

W. B.-G.: Wie ging es dir vor der Therapie?

B.: Ich fühlte mich vorher sehr allein und verlassen, ich denke, ich war depressiv und eine richtige Einzelgängerin. Ich war auch die Außenseiterin in meiner Klasse. Ich habe viel gestört und die Lehrer haben sich über mich aufgeregt.

W. B.-G.: Wie hat sich die Therapie ausgewirkt?

B.: Durch die Therapie bin ich selbstbewusster geworden. Ich lass jetzt mehr meine Gefühle zu, mich aber nicht mehr von ihnen unterkriegen.

W. B.-G.: Woran merkst du das?

B.: Dadurch, dass ich das alles mehr besprochen und sortiert habe, kann ich besser aufpassen und auch besser zuhören im Unterricht. Das ging vorher nicht mehr. Irgendwie ist alles jetzt sinnvoller in meinem Leben. Das merke ich daran, dass ich mir nicht mehr alles und jedes reinziehe. Ich habe Freunde und ich weiß, dass sie ihre Probleme selber lösen können – ich muss mich nicht überall reinhängen und mit dran kaputt gehen. Meine Lehrer sagen, dass ich viel besser geworden bin, integriert, sagen sie. Ja, ich habe zu mehr Leuten aus der Klasse Vertrauen gefasst, früher hat mich die Angst vor Enttäuschung zurückgehalten. Das ist hier anders geworden. In der Arbeit war die Arbeit mit dem Körperbild für mich am wichtigsten. In den Bildern konnte mein Körper erzählen, was ich sonst nicht sagen kann. Überhaupt konnte ich mich über Bilder gut ausdrücken. Musik mag ich nicht besonders, deshalb war es gut, dass ich das auch nicht machen musste, sondern andere Sachen wie Malen gingen.

Ich finde, es sollte auch in anderen Schulen Therapeuten geben. Meine Freunde auf anderen Schulen haben Probleme und die wissen echt nicht, wohin. Wenn man die nicht aus der Schule kennt, die Therapeuten, dann geht man da nicht hin.

W. B.-G.: Was genau hat dir geholfen, worauf führst du Veränderungen zurück?

B.: Sich mal aussprechen können und dass jemand zuhört, dass die Therapeutin nicht die Lösungen sagt, sondern wir uns gemeinsam auf die Suche machten. Ich bekam klare Hilfestellungen für konkrete Probleme – das hat geholfen.

W. B.-G.: Wie schätzt du es ein, dass die Therapie in der Schule stattfand? Welche Vor- und Nachteile hatte das für dich?

B.: Es tat mir gut, dass die Therapie in meinem gewohnten Umfeld war, ich nicht erst woanders suchen musste. Dass ich die Therapeutin kannte, schaffte erstmal Vertrauen, das ich sonst eher nicht gehabt hätte. Zeitlich war es natürlich total praktisch, bei einem ohnehin langen Ganztag nicht noch anschließend irgendwo hin zu müssen. Ich hatte manchmal Angst, währenddessen etwas in der Klasse zu verpassen, aber es war ja nur eine Stunde in der Woche.

W. B.-G.: Wie haben deine Freunde, deine Lehrer darauf reagiert, dass du Therapie machst? War das geheim oder offen?

B.: Bei mir war das offen, alle haben das sehr positiv aufgenommen. Die Lehrer haben mich gelobt, dass ich was an mir tue. Meine Freunde haben mich darin bestärkt. Sie haben selbst die Notwendigkeit zur Therapie bei mir gesehen, sie haben sich vorher so viele Sorgen um mich gemacht und waren manchmal vielleicht auch mit meinen Problemen überfordert.

W. B.-G.: Glaubst du, dass andere Schulen auch Therapie anbieten sollten?

B.: Auf jeden Fall. Dadurch, dass das vertrauter ist, gibt es überhaupt eine Chance, sonst geht man erst gar nicht hin. In der Schule ist die Therapie genau auf Schüler und ihre Probleme zugeschnitten. Man merkt, dass Sie jeden Tag mit Kindern und Jugendlichen zu tun haben Ich glaube auch, dass die Lehrer dann was davon haben, weil die Kinder sich nach Therapie auch besser im Unterricht verhalten werden.

W. B.-G.: Hat sich dein Kontakt zu den Mitschülern und Lehrern durch die Therapie verändert?

B.: Der ist besser geworden. Weil ich besser aufpasse, mögen mich die Lehrer mehr. Mit meinen Mitschülern mache ich mehr zusammen jetzt, ich kann besser über mich reden. Als ich hier Vertrauen gefasst hatte, ging das auch woanders leichter. Vorher hatte ich zuviel Angst, enttäuscht zu werden.

W. B.-G.: Welche Zensur gibst du der schulischen Therapie?
B.: Eine 1.

„Früher war ich voll depri!"

Nadine, 16 Jahre, 10. Klasse
Selbstanmeldung in der 8 Klasse auf Anraten einer Mitschülerin, die vorher in schulischer Therapie war. Anmeldegrund: „Ritzen", suizidale Gedankengänge und Familienprobleme, die Angst, in eine Essstörung abzugleiten. Diffuse Sorge, „nicht mehr alleine klar zu kommen".

W. B.-G.: Woran denkst, du, wenn du an die Zeit in der schulischen Therapie denkst?

N.: Am meisten fällt mir ein, dass sie geholfen hat. Das hatte ich vorher gar nicht mehr gedacht, aber ich habe gelernt, wie ich mit Problemen umgehen kann. Und dabei nicht so, wie man sich das vorstellt, dass einem einer sagt, was man machen soll, sondern dass ich das hier kreativ herausgefunden habe. Sie haben mir sozusagen geholfen, selbst meine Lösungen zu finden, mit Instrumenten und Malen. So hat es auch noch Spaß gemacht.

W. B.-G.: Wie war es vor der Therapie? Du kannst das auch mit einem Klang oder einer Bild darstellen.

Nadine holt zwei Djemben:
Vor der Therapie war ich eine Djembe, ich klang tief und traurig. Zuerst mal war ich dann noch eine größere Djembe: noch tiefer!! Mitzukriegen und hinzugucken, was bei mir alles los war, war erstmal hart. Das war eine richtige Zuspitzung. Aber dann wurde es langsam besser.

W. B.-G.: Wie hat sich die Therapie ausgewirkt und woran merkst du das?

N.: Heute bin ich eine Kalimba, ich klinge hell und freundlich. Ich hab weiterhin Probleme, aber ich weiß, wie ich die angehe und wo ich Hilfe holen kann. Ich habe grundlegend Hoffnung, weil ich weiß, dass all das, was ich durch habe, mich stark gemacht hat. Ich bin weniger traurig und deprimiert. Meine Freunde sagen oft:

Du bist viel lustiger geworden, man kann ja richtig Spaß haben mit dir. Früher war ich voll depri.

W. B.-G.: Worauf führst du die Veränderungen zurück? Was hat dir geholfen?

N.: Es war gut, sich mal aussprechen zu können. Besonders wichtig war, dass ich Musikhören als Weg gefunden habe. Wenn ich mich gestritten habe mit meiner Mutter, habe ich mich nicht mehr geritzt, sondern aggressive Musik gehört. Überhaupt hab ich immer mehr die passende Musik zu meiner Stimmung gesucht, das hat mich getröstet. Das war neu. Inzwischen schreib ich auch viel über mich auf. Ich fresse nicht mehr rein. Es war wichtig, gemeinsam auf die Suche zu gehen mit Ihnen und dann auch zusammen kreativ sein zu können. Es war schön, zusammen Musik zu machen und dabei Lösungen zu finden.

W. B.-G.: Wie schätzt du es ein, dass die Therapie in der Schule stattfand? Welche Vor- und Nachteile hatte das für dich?

N.: Wenn die Therapie nicht in der Schule gewesen wäre, wäre ich nie hingegangen. Ich glaub, dann wär' mein Leben ziemlich daneben gegangen. Nachteil ist höchstens, dass man Unterricht versäumen könnte. Bei mir war das aber nur die WOP-Stunde. (Anm. d Verf.: Stunde, um Hausaufgaben im Klassenverband zu erledigen)

W. B.-G.: Wie haben deine Freunde, deine Lehrer darauf reagiert, dass du hier in der Schule zur Therapie gingst?

N.: Meine Mitschüler fanden eher gut, dass ich in die Therapie ging. Sie merkten, dass ich dringend Hilfe brauchte und sie damit total überfordert waren. Die fanden das wirklich gut, als ich wo hin konnte. Ich bin jedenfalls nie geärgert worden deswegen, eher im Gegenteil. Ich weiß auch, das einige selber gerne den Platz gehabt hätten – also, die waren eher neidisch. Nach außen hin im Unterricht verhalte ich mich gleich. Ich glaube nicht, dass man das bemerkt, dass ich anders drauf bin, zumindest nicht die Lehrer. Dass es innerlich anders ist, merken nur ich und meine Familie. Am wichtigsten für mich war die Musik, da konnte ich mir Lösungen raushören und die Musik mit nach Hause nehmen und mir zuhause auch damit weiterhelfen.

W. B.-G.: Glaubst du, dass andere Schulen auch Therapie anbieten sollten?

N.: Ja, unbedingt, ich habe ganz viele Freunde auf anderen Schulen, die haben große Probleme, trauen sich aber nirgendwo hin, sie wissen auch nicht wohin. In meinem Alter haben ganz viele Leute dicke Probleme, auch zu Hause, wo sollen die hin?

W. B.-G.: Wenn du der schulischen Therapie eine Zensur geben könntest, welche wäre das?

N.: Eine 1, weil es an nichts gefehlt hat.

„Wenn es Kindern besser geht, können sie sich besser konzentrieren!"

Norman, 7. Klasse, 12 Jahre
Anmeldung durch seine Eltern in der 5 Klasse wegen Unkonzentriertheit, schlechter Leistungen und Störverhalten, vorliegende ADS-Diagnose.

W. B.-G.: Was fällt dir ein, wenn du an die Zeit in deiner schulischen Therapie denkst?

N.: Ich denke an: gut reden können, an Spaß und vor allem an die tollen Instrumente und Stofftiere im Raum.

W. B.-G.: Wie ging es dir vor und nach der Therapie und wie ist es jetzt? Du kannst auch gerne einen Klang oder ein Bild dazu malen!

N.: Vor der Therapie dachte ich, Therapie ist ein Horror. Aber es hat mir totalen Spaß gemacht. Ich war sehr traurig, als die Therapie hier vorbei war. Früher war ich eine Kalabasse: Ich war laut und chaotisch, ich kriege Ohrenschmerzen, wenn ich höre, wie ich da war. Ich war sehr schlecht in der Schule. Heute bin ich eine Djembe: ich bin strukturierter, habe klareren Rhythmus und mehr Schwung. Ich bin heute glücklicher und kann besser über mich reden. Manchmal gehen die Sorgen weg.

W. B.-G.: Wie schätzt du es ein, dass die Therapie in der Schule stattfand?

N.: Für mich war es total wichtig, dass das in der Schule war. Das hat mich total beruhigt, wenn ich es schwer hatte, dass ich theoretisch zu ihnen könnte, auch wenn ich das dann gar nicht in Extrastunden gemacht habe. Dadurch, dass ich beruhigter war, konnte ich mich überhaupt besser konzentrieren. Ich wusste, da kann das alles raus, du musst jetzt nicht immer dran denken. Ich wurde auch nie geärgert, weil die anderen auch gerne bei Ihnen Therapie gehabt hätten. Ich glaube, wenn die Therapeutin in der Schule beliebt ist, wollen alle Kinder hin.
Ich glaube, alle Schulen sollten so was haben, dann ginge es Kindern besser und wenn es Kindern besser geht, können sie sich besser konzentrieren. Kunst und Musik sind seitdem mein Leben geworden. Ich habe angefangen, trommeln zu lernen. Es ist mein Leben, mein Ausrucksmittel.

W. B.-G.: Wenn du der schulischen Therapie eine Zensur geben könntest, welche würdest du ihr geben?

N.: 1+ mit 5 Sternchen

„Ich bin einfach nicht mehr so schlecht drauf!"

Ramona, 9. Klasse

Anmeldung durch ihre Lehrer in der 6. Klasse, große scheinbar grund-
lose Traurigkeit und Unkonzentriertheit als Gründe der Anmeldung. Im
Verlaufe der Arbeit zeigt sich eine massive familiäre Suchtbelastung.

W. B.-G.: Was fällt dir ein, wenn du an die Zeit in der schulischen Therapie denkst?

R.: Wenn ich an meine Zeit in der schulischen Therapie denke,
fällt mir vor allem Musik ein. Wie toll ich das fand, hier alle
Instrumente spielen zu dürfen und sich auf die Matten legen
können, so richtig alles weglegen, den Stress zu Hause und
hier. Ich hab hier nicht nur Schlechtes besprochen, auch
Gutes oder Lustiges, das war wichtig für mich.

W. B.-G.: Wie war es vor der Therapie, wie ist es jetzt? Du
kannst das auch mit einem Klang oder Bild darstellen.

R.: Früher klang ich wie eine Schlitztrommel, tief und dunkel,
ich war voll mit Problemen, jetzt bin ich eine Pipedream,
hell. Ich guck nicht mehr nur auf meine Familie und die Probleme, sondern auch mal auf mich.

W. B.-G.: Worauf führst du Veränderungen zurück? Was hat dir
genau geholfen?

R.: Am wichtigsten war, dass ich mich mal aussprechen konnte.
Früher habe ich mit meinen Freundinnen wirklich nur über
Probleme geredet, heute brauche ich das nicht mehr. Ich sag
kurz was zu meiner Familie und dann bin ich einfach mal ein
normales Mädchen. Vielleicht rede ich über Horoskope und
über Jungs. Ich komme einfach besser mit meinen Freunden
klar jetzt, weil ich mich lange hier aussprechen konnte. Es
war auch, glaube ich, wichtig, dass Sie nicht gesagt haben,
was sich tun muss, sondern, dass ich hier sein konnte, wie
ich bin.

W. B.-G.: Wie schätzt du es ein, dass die Therapie in der Schule stattfand?

R.: Ich hatte ein bisschen Angst, Unterricht zu verpassen, aber letztlich war es wichtiger, weil mit all den Problemen konnte ich eh nicht aufpassen. Für mich war das ein richtig gutes Gefühl, dass die Therapeutin in meiner Schule ist und ich vorher als Lehrerin Vertrauen zu ihr kriegen konnte. Da die Schüler die Lehrerin sehr mochten, haben mich alle beneidet, dass ich Zeit alleine haben durfte.

W. B.-G.: Woran merkst du Veränderungen?

R.: Ich bin einfach nicht mehr so schlecht drauf. Dadurch, dass ich nicht mehr so schlecht drauf bin, haben sich meine Leistungen sehr verbessert. Im Schnitt bin ich fast zwei Zensuren besser geworden. Ich lerne tatsächlich manchmal (lacht).

W. B.-G.: Welche Zensur würdest du der schulischen Therapie geben?

R.: Eine 2+, eigentlich eins, weil die Therapie super war, aber meine Familie ändert sich nicht. Das ist auch traurig.

3

Lebensraum-Begegnungsraum - Besonderheiten der Arbeit im System Schule

Schule ist ein öffentlicher Raum, in dem über viele Stunden Begegnung stattfindet. Menschen, Schüler/innen wie Lehrer/innen, müssen ihren persönlichen und intimen Raum für viele Stunden zeigen, verbergen, schützen und sich in die Begegnung im öffentlichen Raum begeben. Richtlinien und Lehrpläne beschäftigen sich in erster Linie mit dem kognitiven Lernen, das in Schulen gewährleistet werden soll. Für immer mehr Kinder ist Schule jedoch mehr: ein zentraler Begegnungsraum, manchmal für Kinder der einzige Raum der menschlichen Ansprache. Der Begegnungsraum Schule ist bestimmt durch die intimen Räume der Menschen, die ihn betreten – mit all ihren Gefühlen und Vorerfahrungen, zugleich ein öffentlicher Raum mit öffentlichen Rahmenbedingungen – somit ist er vor allem auch ein multipler Schwingungs- und Resonanzraum des Erlebens. Dies wird in schulischen Konzeptionen bislang sträflich vernachlässigt.

KreTAS stellt das sich erlebende Kind in seinem Umraum in das Zentrum der Betrachtung. Wenn in der Literatur von Schulklima die Rede ist, geht es oftmals um bauliche und ausstattungsmäßige Rahmenbedingungen, die natürlich auch einen zentralen Teil des Umraums von Kindern in Schule darstellen. Das Schulklima ist jedoch darüber hinaus in besonderem Maße bestimmt durch Resonanz- und Schwingungsprozesse zwischen Menschen, im familiären System, in der Peer-Group, mit Lehrer/innen und anderen Personen, inner- und außerschulisch. Wenn ein Kind in die Schule kommt, dann kommt es ganz, das heißt mit Körper, Seele und Geist. Auf all diesen Ebenen wird es die Schule als Umraum wahrnehmen, biografisch geprägt in seiner individuellen Art auf diesen Umraum zugehen und ihn erleben sowie seinerseits den Umraum prägen und mitgestalten. Es bringt Schwingungen in den Raum hinein, etwa in seine Klasse, und etwas schwingt zurück – Resonanzen, Stimmungen und Atmosphären entstehen.

Wie ein Kind (übrigens auch seine Lehrer/innen) diesen schulischen Umraum betritt und erlebt, ist maßgeblich durch seine Vorerfahrungen in prägenden anderen Umräumen (etwa in seiner Familie) beeinflusst. Biografische Erfahrungen jedweder Art sind im Leibgedächtnis abgespeichert, gute wie schlechte, und bestimmen, wie ein Kind auf den Umraum Schule zugeht. Zugleich kann Schule erlebten Mangelerfahrungen neuartige entgegensetzen – insbesondere professionell gestützt auch im beraterisch-therapeutischen Förderraum.

Den Blick nicht nur auf das Individuum zu richten, sondern auch auf seinen Umraum und die Personen, von denen es umgeben ist, ist eine wesentliche Perspektive, die der ökologischen Psychologie, der Leibphänomenologie sowie systemischen Ansätzen zu verdanken ist. Der leiborientierte Ansatz im KreTAS-Konzept geht über die Beschreibung von Interaktionsmodellen und Kommunikationsstrukturen hinaus, das individuelle Erleben, mit Körper, Seele und Geist von Schüler/innen, das Wahrnehmen von Resonanzprozessen sowie ihre qualitative Beschreibung und Veränderung stehen im Fokus.

3.1　… und alle schwingen mit! – die leiborientierte Sicht auf Kinder im Erlebensraum Schule

Frau E. erinnert sich an ihre Kindheit und möchte auf meinen Vorschlag hin ihre Herkunftsfamilie mit Instrumenten symbolisch in den Raum holen. Es geht um ihren Vater, ihre Mutter, ihren Bruder und sie. Sie überlegt eine Zeit lang, schreitet verschiedene Instrumente ab und wählt dann die Djembe (afrik. Trommel, Erl. d. Verf.)
„Das ist es!", sagt sie auf die Djembe zeigend.

Ich frage überrascht nach: „Das ist wer?"
„Das sind wir, es gibt keine einzelnen Instrumente. Man musste in diesem Instrument sein. Ein eigenes Instrument wäre nicht erlaubt gewesen. Man muss so denken wie alle und so fühlen. Hätte man ein anderes Instrument gehabt, hätte man nicht mehr dazu gehört. Meine Mutter sagte oft: ‚Ich und Meins haben wir hier nicht, mach mal die Augen zu, was du dann siehst, das ist deins. Wir sind eine Familie. Wir sind du und du bist wir!'" *(Barnowski-Geiser 2009)*

In dieser Fallvignette mit einer erwachsenen Klientin kann deutlich werden, wie eng kindliches Erleben mit dem familiären System verwoben, wie sehr die therapeutische Arbeit mit Kindern von deren Leben und Schwingen mit anderen Menschen, insbesondere mit ihren Eltern, abhängig ist. Kinder hängen in besonderem Maße von dieser familiären Umgebung ab – und damit auch ihre Therapeut/innen und Lehrer/innen. Therapeut/innen und Lehrer/innen können hervorragende Arbeit in Einzel- und Gruppentherapie, in der Fördergruppe oder im Unterricht leisten und zugleich wenig sichtbare Veränderung erwirken, wenig Lernerfolge verbuchen, wenn etwa das Kind häuslicher Gewalt ausgesetzt ist und seine „Störungen" Bewältigungsversuche darstellen, auf das familiäre System nonverbal zu reagieren. Während erwachsene Klient/innen Wahlmöglichkeiten haben, ihr System zu verlassen, sind diese Kindern nicht gegeben – das kann in Erwachsenen starke Ohnmachts- und Versagensgefühle auslösen, Gefühle, die geachtet und wahrgenommen sein wollen, damit innerhalb und neben diesen neue Spiel- und vielleicht noch so kleine Handlungsräume, Vernetzungen und Kooperationen erschaffen werden können.

Wer mit Kindern und Jugendlichen arbeitet, muss sich, auch wenn nur die Arbeit mit dem Kind allein erfolgt, bewusst sein, dass er in ein System eingreift. Therapeut/innen (und auch Lehrer/innen) können partiell Teil dieses Systems werden (z. B., um im Bild zu bleiben, „mit in die Trommel gezogen werden", auf eine Seite gezogen werden oder abgewehrt werden, wenn sie etwa „drohen", das Kind „aus der Trommel" herauszulösen), können gleichsam im familiären Orchester, hier einer einzigen Trommel, mitspielen oder mit einem eigenen Instrument „dagegenhalten". Was auch immer sie tun, sie müssen sich der Bedeutung und des Einflusses des umgebenden Familiensystems bewusst sein und diesen, wenn irgend möglich, für die Arbeit zum Wohle des Kindes nutzbar werden lassen.

Während die Bedeutung der Familie und ihrer Interaktionsstrukturen für kindliche Entwicklung insbesondere durch systemische Ansätze erhellt wurden, steckt die Erforschung des Einflusses der Gleichaltrigen-Gruppe, der sog. Peer-Group, insbesondere im schulischen Kontext noch in den Kinderschuhen. „Peers" als Bezeichnung für Altersgleiche hat sich in der Psychologie als feststehender Terminus durchgesetzt (Schmidt-Denter 2005). Insbesondere Sozialpsychologen und Bildungsforscher widmeten diesem Phänomen in jüngerer Zeit Aufmerksamkeit. Schon in frühen Lebensjahren kindlicher Entwicklung lassen sich sozial orientierte Verhaltensweisen, u. a. im Spiel, aufzeigen. Zu Beginn seines Lebens lernt das Kind in Kommunikation mit den Eltern die erste Sozialisierung. Oft an der Seite der Eltern macht es die erste Erfahrungen in Gruppen, mit den Peers im Kindergarten, Krabbelgruppen usw. Mit zunehmendem Alter nimmt der Einfluss der Peers zu und der der Eltern ab. In Grundschulklassen wurde der Einfluss der Peers nachgewiesen. Schon hier zeigten sich Statusorientierung und Machtpositionen, Randpositionen, Achtung und Ausgrenzung in Klassen, Peers als wichtig und zentral in der Entwicklung von Schüler/innen. Kinder und Jugendliche müssen einen alltäglichen Spagat zwischen Individuation und Integration leisten, sie sind alltäglich einerseits mit ihrer persönlichen Weiterentwicklung (etwa dem Lernen von Unterrichtsinhalten) und andererseits mit ihrem Ringen um Zugehörigkeit und Anerkennung durch die Peers beschäftigt – mit ihrer Sehnsucht, Rang und Ansehen zu finden. Zugehörigkeitswünsche können so stark werden, dass das Lernen in den Hintergrund tritt. Leistungsstarke Jugendliche erzählten wiederholt im therapeutischen Kontext, dass sie sich bewusst mit schlechten Leistungen zeigten, um so zur Gruppe der attraktiven „In-Schüler/innen" zu gehören. Ebenso kann die Belastung, am Rande zu stehen und geächtet zu werden, so stark werden, dass sie zu psychischen Störungen und psychosomatischen Erkrankungen führt. Lernen wird extrem erschwert bis unmöglich, nimmt es doch derart Betroffene ganz und gar ein, mit Leib und Seele. Bleiben betroffene Kinder mit ihrer Not allein, werden sie übersehen, lernen sie in Schule vor allem, dass man sich von Menschen und Institutionen fernhalten sollte. Sie tragen dadurch ein erhöhtes Erkrankungsrisiko.

Die Nachrichten über Mobbing und Bullying in Schulen häufen sich. Als Täter werden hierbei insbesondere Kinder aus belasteten Familien identifiziert, somit Kinder, bei denen die Bindung zwischen Eltern und Kind nicht gelungen ist, bei denen Wärme und Verständnis fehlt (und dies kommt in allen Schichten vor). Zugleich wurden Kinder als Opfer identifiziert, die als „anders" und „uncool" auffielen (wie vordergründig dieses Anderssein auch sein mochte), die insbesondere sehr behüteten Familien entstammen und dort wenig auf das Leben in Peers vorbereitet wurden (Schmidt-Denter 2005). Die Situation von Kindern in ihrer Klasse, eben wie sie sich dort fühlen, wie sie dort integriert oder ausgegrenzt sind, steht nach meinen Erfahrungen bislang zu sehr am Rande der Aufmerksamkeit der Institution Schule. Allzu oft wird emotionale Förderung, Bindungslernen und soziale Kompetenz in die Ecke der überflüssigen Kuschelpädagogik gesetzt, herabgestuft und sträflicherweise nur als schmückendes oder unnötiges Beiwerk beim Lernen angesehen. Dabei stellt gerade die Möglichkeit, seelische und soziale Bedürfnisse in Gruppen zu befriedigen (und eine Klassengruppe lebt jeden Tag viele Stunden miteinander im engen Verbund, viele Schüler/innen sehen ihre Mitschüler länger und häufiger als ihre Eltern und Geschwister) eine unbedingte Voraussetzung dar, um kognitives Lernen überhaupt möglich werden zu lassen. Wenn Mobbing in den Blick genommen wird, wird versucht, über Einsicht und Gespräch, Reflektieren, Sanktionieren und Öffentlich-Machen (auch Einbeziehen der Eltern) wie etwa im Anti-Bullying-Konzept Veränderungen zu erwirken – dies ist zu begrüßen und kann erfolgreich sein. Da jedoch, und das ist leider nicht selten, wo Appelle nicht hinreichend sind, sind Einzelförderungen erforderlich, die in einer weiteren Perspektive tiefergündige Problematiken an den Tag bringen – für „Opfer" gleichermaßen wie „Täter". Ohne gelungene Integration in der Peergemeinschaft, hier der Klasse, ohne das Auffangen emotionaler Defizite und Nöte von Kindern in ihren Peergroups ist der kognitive Lernprozess ungleich erschwert bis unmöglich, ist der alltägliche Er-Lebensraum Schule schwer belastet. Dann verhindert er Lebensqualität, stört emotionale und soziale Entwicklung und kann im ungünstigsten Falle Quelle schwerer psychischer Störung werden.

Hier setzt KreTAS an. KreTAS ermöglicht

- das Nachholen kindlicher Bindungserfahrungen, zunächst in der geschützten Dyade zwischen Therapeutin und Schüler-Klientin (das Nachholen emotionalen Erlebens und Üben grundlegender sozialer Kompetenzen),
- das Üben sozialer Grundkompetenzen in Kleingruppenkontexten
- das systemnahe Eingreifen, indem das Teilsystem Peer in Form von Einzelnen oder Klassen in die Arbeit mit Schüler/innen konkret mit eingebunden werden kann.

Kindern im Kontext von Mobbing und Bullying, Tätern wie Opfern, kann zeit- und systemnah Hilfe angeboten werden.

3.2   Grundlagen der KreTAS-Arbeit im System und Erlebensraum Schule

KreTAS fußt auf leiborientiertem Denken und Handeln. Im Zentrum steht das sich mit Körper, Seele und Geist erlebende Kind im komplexen Erlebensraum Schule. Diese Ausrichtung hat zentrale Folgen für die Arbeit im System Schule, denn KreTAS

- stellt erstens das individuelle kindliche Erleben von System und Umraum in den Mittelpunkt
KreTAS stellt das Kind und den Jugendlichen in das Zentrum seiner Intervention – nicht das System. Der Fokus liegt auf dem Kind und seinem Erleben. Kinder erleben ihren Umraum, die

Schule und die Systeme, in denen sie leben, ganzheitlich, d.h. mit Körper, Seele und Geist. Schüler/innen regieren nicht nur auf das, was Lehrer/innen sagen und lehren, sondern insbesondere auch auf Stimmungen und Resonanzen, die diese ausstrahlen. Kinder reagieren auf das, was sie subjektiv wahrnehmen. Sie erspüren die Laune und Seelenlage ihrer Lehrer/innen, fühlen, wie es ihren Eltern abseits des gesprochenen Wortes geht. Kinder wissen etwa oftmals lange vor einer Trennung, dass etwas nicht stimmt, lange bevor der Tatbestand je explizit ausgesprochen wurde. KreTAS nimmt alle leiblichen Beziehungs-Ebenen in den Blick und stellt Raum für subjektives Erleben zur Verfügung.

Der Erlebensraum von Kindern ist maßgeblich dadurch bestimmt, wie sich die ersten sozialen Beziehungen zu den Eltern gestalten: Gelingt der Bindungstanz zwischen Eltern und Kindern? Können primäre Leibbewegungen erlernt und durchgegangen werden? Können angemessene Ausdrucksformen und Bewältigungsstrategien für Gefühle gefunden werden usw.? Diagnostik nach leiborientierten Kriterien lässt Rückschlüsse zu, wie das Kind von der familiären Welt in das nächste System gehen wird. Das unsicher-vermeidend gebundene Kind wird Aspekte dieses Bindungsstils mit in die Schule bringen, seinen Lehrer/innen und Mitschüler/innen anbieten und auch mit neuartigen Erfahrungen hier verknüpfen und erweitern können. Kinder sind in ihrem Erleben geprägt durch ihr Familiensystem, von Atmosphären und Stimmungen, von leiblichen Regungen ihrer Eltern wie Spannung, Druck etc. In der Arbeit nach KreTAS gehen wir in Resonanz zu diesem Erleben im System.

- geht zweitens über das Wort hinaus
Wenn wir Erleben von Kindern leiblich auffassen, hat dies eine wichtige Konsequenz für die gesamte Arbeitsweise mit Systemen. KreTAS fasst Gespräche mit Eltern und Lehrer/innen leiblich auf. Sie bezieht sich nicht nur auf das gesprochene Wort, sondern insbesondere auf Gefühltes und körperlich Erlebtes, leibliche Resonanzen und Botschaften (synchrone Resonanzen), Atmosphären und Stimmungen, auch der Therapeutin, fließen in

die Diagnose und Therapie mit ein. „Aufträge" werden auch nonverbal erfasst, etwa aus der gesamtleiblichen Resonanz auf die Familie abgeleitet, diese können durchaus von expliziten verbalen elterlichen Aufträgen oder Zielsetzungen von Lehrer/innen abweichen und sind zu besprechen. Oftmals kann das gesprochene Wort zwischen Eltern und Kindern ganz andere Botschaften enthalten als die nonverbale Ebene. Gerade in Lehrer/Schülergesprächen, in Eltern- und Kindgesprächen wird oftmals viel geredet, ohne an den eigentlichen Kern von Problemen zu stoßen – KreTAS findet kreativ Zugänge zum kindlichen Erleben und stellt dieses, gerade auch abseits und neben den Worten, in den Mittelpunkt der Arbeit. Was fühlt dieses Kind in seiner Klasse, seiner Familie, wie geht es ihm körperlich neben seinen Mitschülern usw.? Das sind zu fokussierende Fragestellungen, für die es kreative Ausdrucksmöglichkeiten zu finden gilt.

- bietet drittens ein Hilfs-Ich in Stellvertreterresonanz
Die Therapeutin stellt sich in der Beziehung zum Kind als Hilfs-Ich in Stellvertreter-Resonanz zur Verfügung (Resonanzmodelle nach Baer/Frick-Baer), d.h. ihr werden im Spiel und kreativen Tun all die Gefühle und Regungen begegnen, die für das Kind auch in seiner Umgebung eine wesentliche Rolle spielen. Ein Kind, das etwa in seiner Familie Abwertung erfährt, das in seinen Bewegungen auf die Eltern zu gebremst wird, wird Hinweise darauf in seinem Spiel zeigen. In seiner gesamten Leiblichkeit lassen sich Richtungsbewegungen und Regungen finden, die von diesem Schwingungsgefüge bestimmt und geprägt sind. Therapeut/innen können diesen Prozess nutzen, indem sie sich als Hilfs-Ich zur Verfügung stellen.

Alle Resonanzen, die in ihnen zum Schwingen kommen, sind ernst zu nehmen und in den therapeutischen Prozess zu integrieren, um Eltern und Lehrer/innen, die dafür offen sind, wesentliche Impulse zur Veränderung im Umgang mit Kindern zu geben. KreTAS berücksichtigt Übertragungs- und Gegenübertragungsphänomene als Teile von Resonanzprozessen und bindet sie in die leiborientierte Arbeit ein.

- ist viertens parteilich

KreTAS bezieht Position: Therapeut/innen stehen parteilich, gleichsam als Anwälte, hinter dem Teilsystem Kind und seinem Erleben und würdigen zugleich Bemühungen von Eltern und Lehrer/innen. Sie ringen um Kooperation („alle ins Boot holen") zum Wohle des Kindes. Diese gelebte Parteilichkeit unterscheidet sich von der „Allparteilichkeit" in der systemischen Arbeit. Daraus leitet sich ab, dass KreTAS nicht mit gleich verteilter Loyalität für alle im System arbeitet, sondern hinter dem Kind stehend. KreTAS würdigt Zugehörigkeits- und Abgrenzungswünsche von Kindern, achtet etwa auch Schweigen-Müssen oder -Wollen über Tabus. Parteilichkeit meint nicht falsch verstandenes Laissez-faire, sondern gerade auch das Unterstützen von Lehrer/innen, damit diese Kindern in ihrer Entwicklung weiterhelfen können. Die persönliche Entwicklung und Entfaltung von Kindern, die Möglichkeit, im System angemessen zu lernen, stellen den Kern der parteilichen Bemühungen von KreTAS dar

- würdigt fünftens altersgerechte Klient/innenkompetenz

KreTAS würdigt Kinder in ihrer Selbst-Kompetenz (Klient/innenkompetenz) und stärkt sie altersgemäß in ihrer Wahrnehmungsfähigkeit. KreTAS geht davon aus, dass Schüler/innen selbst Antworten und Lösungen für anstehende Probleme in sich tragen – gerade durch die kreativen Verfahren bekommen diese individuellen Lösungen Spielraum. Je jünger die Kinder sind, umso mehr müssen sich Therapeut/innen als Übersetzer/innen an Lehrer/innen und Eltern für die kindlichen Anliegen verstehen. Schweigepflicht, auch gegenüber Eltern und Lehrer/innen, ist altersgemäß und moralisch angemessen zu verantworten.

- versteht sechstens „Störungen" als kindliche Bewältigungsversuche

Oftmals sind Kinder durch ihre Systeme nicht nur unterstützt, sondern auch belastet. Dies ist insbesondere und potenziert der Fall, wenn Kinder, wie etwa in suchtbelasteten Familien, über diese Belastung nicht sprechen dürfen. Dann finden kindliche Seelen oftmals andere Wege, um abseits der Worte zur Sprache zu bringen, was sie bedrückt. Da kann es sein, dass ein Kind gar nicht spricht, um Mama nicht zu verraten, oder „ständig unter Strom" in Aktion ist, um nicht den Papa noch trauriger zu machen. Auch Beziehungen zu Lehrer/innen und Mitschüler/innen können aktuell und biografisch belastet sein, wie etwa beim Mobbing, oder/und vom Kind äußerst negativ erlebt werden. KreTAS kann solche Beziehungsprobleme nonverbal im kreativen Dialog zur Sprache bringen und verwandeln .Den hinter den Symptomen stehenden kreativen Bewältigungsversuch, das individuelle Coping, gilt es im Blick auf das Kind im System zu würdigen. Insofern begnügt sich KreTAS nicht damit, „Störungen" wegzubekommen, sondern ihren Sinn zu ergründen. Kre-TAS bezieht Mitschüler/innen, Klassenteilsysteme und Lehrer-/innen je nach Bedarf und Wunsch in die Arbeit mit ein.

- arbeitet siebtens ressourcenorientiert

KreTAS fokussiert nicht nur Störungen und Defizite, sondern ausdrücklich Ressourcen des Systems und des Kindes. Sie stellt geeignete kreative Methoden zur Verfügung und stärkt in der Beziehungsarbeit zur Therapeutin den Zentralen Ort (hier v. a. Selbstwert und Bewertungsfähigkeit) und persönlichen Raum des Kindes, sie ermöglicht unterstützende Beziehungserfahrungen zwischen Lehrer/innen und Schüler/innen. Gerade für Kinder, die schulisch schlecht bewertete Leistungen erbringen oder sich am Rande von Klassengemeinschaften fühlen, ist es zentral, in ihren Kompetenzen und Fähigkeiten wahrgenommen zu werden.

- sucht achtens nach Vernetzung

KreTAS achtet die Begrenztheit therapeutischer Interventionsmöglichkeiten (Ohnmacht des Helfers) und nutzt Verbindungen, insbesondere die durch die Systemnähe vorhandenen Vernetzungen werden explizit zum Wohle des Kindes genutzt. Die Schultherapeutin arbeitet etwa mit dem Kind, eine Beratungslehrerin mit den Eltern, die Lehrer/innen und Abteilungsleitung werden mit Zustimmung von Eltern und Kind einbezogen, Maßnahmen außerhalb der Schule oder weitergehende Gruppenangebote in kooperierenden Kliniken und Beratungsstellen angeregt etc.. Biografische Vorerfahrungen in Kindergarten und Schulen oder Teilsystemen werden erfasst und Teil der Arbeit. In der Mehrgenerationenperspektive werden Familien-Delegationen und biografisch relevante Familienereignisse erfasst (etwa: alle Töchter sind schwermütig etc). KreTAS achtet Ambivalenzen kindlichen Erlebens in Bezug auf Eltern und Lehrer/innen (etwa: das Kind leidet an seinen Eltern und liebt sie dennoch etc.). Nach Möglichkeit finden bei Problemen mit Teilsystemen auch gruppentherapeutische Maßnahmen statt, wie etwa Musikförder-Angebote oder andere kreativtherapeutische Gruppen, die zunächst niedrigschwellige „Selbst-Erfahrung" im geschützen sozialen Raum unter professioneller Anleitung möglich werden lässt.

- stellt neuntens einen wertfreien Spielraum zur Verfügung
Manche Schülerinnen leiden unter den in allgemeinbildenden Schulen üblichen Bewertungen, sind doch allzu oft damit täglich Abwertungen verbunden. KreTAS stellt Kindern einen wertfreien Raum zur Verfügung (es sei denn, Wertung und Bewertung wird ausdrücklich von ihnen gewünscht, wie es bei Kindern mit Spiegelungsmangel der Fall sein kann). Mit KreTAS kann das Kind die Erfahrung machen, dass es ausdrücken kann, was es bewegt, etwa in einem Bild, das dies aber nicht als „richtig" oder „falsch" bewertet wird, sondern so genommen wird, wie es ist. Dies ist für viele Schüler/innen und Schüler, die unter starkem Leistungsdruck stehen, eine zentrale Selbstwert stärkende Erfahrung, die oftmals erst wieder ermöglicht, dass sie sich neu und anders, etwa nicht mehr als der „Versager", in Klassen zeigen können.

- findet zehntens für die im System stattfindenden Prozesse leiborientierte Beschreibungsmodelle
KreTAS geht über das Wahrnehmen von Systemen, ihren Interaktionen und Störungen hinaus, KreTAS beschreibt das Kind und seinen Umraum in leiborientierten Beschreibungsmodellen:

a) Modell der Bedeutungsräume

In der Familie entwickelt das Kind seine Identität. Wenn, wie es Frau E. erlebte, nur ein Instrument als gemeinsame Familienidentität zur Verfügung stand, so hat das Folgen für die gesamte Identitäts- und Persönlichkeitsentwicklung. Um dies zu verdeutlichen, hilft das Modell der Bedeutungsräume nach Baer/Frick-Baer. Wer gemeinsam in einer Trommel sitzt, kann schwerlich einen intimen Ort und Standpunkt ausbilden, wird schwerlich eine Begegnung mit anderen Familienmitgliedern haben und ebenso schwerlich den familiären Raum verlassen können, ohne im öffentlichen Raum von den familiären Bedingungen umgeben zu sein. Ohne Ich schwerlich ein Du. KreTAS geht davon aus, dass die Art und Weise, wie Kinder ihre Bedeutungsräume in Familien erleben und ausprägen, eine zentrale Rolle spielt, wie sie sich in den sozialen Raum Schule hinein begeben werden. Deshalb ist die Arbeit mit Bedeutungsräumen in der Diagnostik, aber auch in der beraterisch/therapeutischen Intervention zentral. Auch in Klassen kann dies bedeutungsvoll sein. Verletzt etwa ein Lehrer, vielleicht unabsichtlich, den intimen Raum eines Schülers durch Beschämung und Grenzüberschreitung, hat dies weitreichende Folgen für die weiteren Begegnungen, das soziale Miteinander und letztlich die Art und Weise, wie erfolgreich dieser Schüler lernt, wie gern oder ungern er in den öffentlichen Raum Schule geht.

b) Tridentitätsmodell

Es ist wesentlich, wie sich die Beziehungen zwischen Eltern und Kind, Lehrer/innen und Kind, qualitativ gestaltet. Dazu haben Baer/Frick-Baer ein Tridentitätsmodell entwickelt. Ist das Kind über- oder unterernährt, fehlt ihm ein Spiegel oder ein Grenzen setzendes Gegenüber. Fehlende Qualitäten können in der Beziehung zur Therapeutin erkannt und nachgeholt werden, einen Platz in Spiel und Improvisation finden.

3.3 Krise als Chance – der Nutzen kreativtherapeutischer Arbeit in Schulen

Die Begegnung von Schule und kreativer Therapie ist nicht frei von Komplikationen und Berührungsschwierigkeiten, und dennoch, wie sich in der 10jährigen Arbeit mit dem angewendeten KreTAS-Konzept zeigte, ungeheuer lohnenswert. Die Ergebnisse der inzwischen vorliegenden Evaluation und die Synopse der Rückschau ermutigen mich, und hoffentlich auch zunehmend andere in Schulen Tätige, diesen Bereich weiter auszubauen und voranzutreiben. Gerade die Umsetzung der offenen Ganztagkonzepte und die zunehmende Beachtung individueller Förderung scheinen ein breites Spektrum für beraterisch- therapeutisches Agieren im Sinne des vorliegenden KreTAS-Konzeptes sowohl notwendig als auch machbar werden zu lassen. Bislang ist diese Umsetzung vom Engagement einzelner engagierter Personen abhängig. Nach den vorliegenden Erfahrungen und Forschung erscheint es sinnvoll und wünschenswert, dass sich dies in den nächsten Jahren verändern wird, indem für Arbeit nach dem Kre-TAS-Konzept Geld, Personen und Kompetenzen zur Verfügung gestellt werden.

Folgende Aspekte beschreiben zusammenfassend den Nutzen für die Schulen:

**Mehr als Worte –
kreative Medien erreichen die kindliche Seele**
Gerade künstlerische Therapie ermöglicht einen einzigartigen Zugang zu Schüler/innen. Die bei den meisten Schüler/innen vorhandene Freude am kreativen Tun kann für therapeutisch-beraterische Arbeit genutzt werden.

Kinder ganzheitlich fördern – mit Körper, Seele und Geist
Grundlegende Arbeitsweisen und Bausteine des KreTAS-Konzeptes zeigen sich durch aktuelle neurowissenschaftliche Erkenntnisse untermauert und haben sich in der Praxis über Jahre bewährt. Der erweiterte ganzheitliche Blick auf Schüler/innen, die beschriebene Leiborientierung, also die Arbeit des sich mit

Körper, Seele und Geist erlebenden Schülers im sozialen Raum erscheint mehr als überfällig.

Schul- und Systemnähe
Die Schulnähe der Therapie und die Rollenvernetzung in einer Person, hier auch die der Lehrerin und Beratungslehrerin, die Rollenkollisionen implizieren kann, wurde in den vorliegenden Befragungen von Schüler/innen, Lehrer/innen und Schulleitung positiv bewertet. Schüler/innen beschrieben kreative schulische Therapie übereinstimmend als weiterbringend und verändernd. Sie wünschten, dass es in mehr Schulen ähnliche Angebote gäbe.

Kinder aller Schichten erreichen
Insbesondere Schüler/innen aus sog. bildungsfernen Schichten und Schüler/innen, deren Eltern wenig Interesse bis hin zu Widerständen gegen Therapie haben, erlebten schulische Therapie als besondere und oft einzige Chance, Hilfe zu erfahren. Auch die leichte und unkomplizierte Kontaktaufnahme, abseits bürokratischer Verfahren, sowie die Vertrautheit der in der Schule arbeitenden Person wurde positiv erlebt.

Kinder nicht alleine lassen –
frühzeitig und kurzfristig helfen
Lehrer/innen können von professioneller Unterstützung vor Ort, von Therapeut/innen, die sich mit Schüler/innen und dem System auskennen, profitieren. Sie erfahren bei drängenden Problemen mit Schüler/innen in ihrer Klasse frühzeitig professionelle Hilfestellung, was bei entsprechend vernetzter Kommunikation zu ihrer Entlastung beitragen kann.

Prävention für Kinder aus Problemfamilien
Schulische Therapie zeigte sich als idealer Ort der frühzeitigen und präventiven Hilfe, wie etwa der Gewalt- und Suchtprävention. Gerade die Kooperation von Lehrer/innen, Beratungslehrer/in, Abteilungsleitung und Therapeut/in als Beratung und Therapie der kurzen Wege macht ein konstruktives Zusammenwirken zum Wohle von Schüler/innen möglich. Gerade Kindern

aus belasteten Familien bietet eine entsprechend geschulte und vernetzte therapeutische Schule eine besondere Chance, frühzeitig entdeckt zu werden. Lehrer/innen konnten durch KreTAS kurzfristige, systemnahe Hilfestellungen und individuelle Beratung bei Problemen mit schwierigen Schülern erfahren, was zur Entlastung ihrer Alltagsarbeit beitragen konnte.

Doppelqualifizierung – erweiterte Kompetenzen
Die Doppelrolle als Lehrer/in und Therapeut/in in Personalunion erwies sich in der Arbeit in der Gesamtschule Mülfort als positiv und möglich und sogar wieder Erwarten günstig. Rollenverdichtung als Lehrerin, Beraterin und Therapeutin wurden, im Widerspruch vorher erwarteter Rollenkollisionen, von den Schüler-/innen ausdrücklich positiv eingeschätzt. Eine breite Ausbildung des sog. Lehrer-Musiktherapeuten oder Lehrer-Kreativtherapeuten kann zumindest weitergedacht werden.

Bessere Gefühle – bessere Beziehungen – bessere Lernerfolge
In den Bereichen von emotionaler und sozialer Entwicklung erreichte Fortschritte beschrieben Schüler/innen als Voraussetzung ihrer nach der Therapie vielfach verbesserten Lernleistungen.

Öffnung von Schule
Das vernetzte Arbeiten im System und in verschiedenen Rollen lässt regelmäßige Fallsupervision unerlässlich erscheinen. Der schulische Blickwinkel kann so geweitet werden, lässt neue Perspektiven zu, schulische Sichtweisen erfahren Öffnung. Die Vernetzung mit außerschulischen Lernorten, auch mit verschiedenen Beratungsstellen, mit ambulanten und stationären Kliniken sowie sozialpädiatrischen Zentren, erwies sich als fruchtbar. Die Zusammenarbeit zwischen Schulen und Jugendämtern, Krankenkassen etc, als Träger niedrigschwelliger Hilfsangebote präventiver und therapeutischer Art, sollten ausgebaut werden.

4

Vision Schultherapie –
Wünsche an einen unmöglichen Beruf

„Wenn es eine Therapeutin in der Schule gibt, fühlt man sich viel sicherer, weil man weiß, dass man hin könnte, wenn es einem schlecht geht."

Kinder wünschen sich Therapeut/innen in Schulen, sie äußerten sich in Befragungen so oder ähnlich wie im voran gestellten Zitat. Es ist in diesen für Kinder so unsicheren Zeiten nötig, einen sicheren Anlaufort anzubieten, und zwar dort, wo Kinder täglich leben: in der Schule. Es ist an der Zeit, der Kinderseele einen Ort in Schulen einzuräumen, an dem sie sein darf und professionell betreut wird.

Den Beruf der Schultherapeutin gibt es bislang nicht. Nun wird es Stimmen geben, die dieser Forderung entgegenhalten, was es doch schon alles gäbe: die schulische Beratung und den schulpsychologischen Dienst, den Suchtbeauftragten und die Gesundheitsförderung und in manchen Schulen Sozialarbeit. All diese Dinge, wenn sie installiert sind, sind gut und wichtig und dennoch etwas völlig anderes als therapeutische Hilfe, so wie sie im KreTAS-Konzept angestrebt wird. Therapeutische Arbeit als Förderung für gesunde und „normale Kinder", als Förderung von Emotionalität und Soziabilität, als pragmatische Sofort-Hilfe für Schule vor Ort und damit als präventive Arbeit ist ebenso neu wie die Sicht auf Therapie im Sinne einer seelischen Gesunderhaltung von Kindern – und eben nicht nur als Reparaturwerkstatt für psychisch schwer Erkrankte. Schülerklient/innen sind der normale Junge und das Mädchen von nebenan, mit dem Trennungsproblem, mit der Belastung zu Hause, mit dem Mobbingproblem usw. – Diagnostik im Sinne des ICD10 (Klassifizierungssystem psychischer Erkrankungen) und psychologische Testverfahren reichen hier nicht aus. Der ausgefeilteste Intelligenztest allein, der ADHS-Fragebogen allein nutzen wenig, wenn ein Kind sehr oft traurig ist. Dann braucht es Seelen-Zeit und Raum für Gefühle: einen geschützten Raum, professionelle Hinwendung und Zuspruch. Schultherapeut/innen sollten demnach als Ansprechpartner in Schulen arbeiten, bevor Dinge sich zu festgefahrenen psychischen Problemen im Sinne psychiatrischer Krankheitsbilder ausgewachsen haben.

Da es den Beruf der Schultherapeut/in nicht gibt, mag ich hier einige Visionen über die Qualifikationen der künftigen Berufsgruppe entwickeln.

Wie auch im Beruf des Lehrers ist im Beruf der Schultherapeut/in in noch stärkerem Maße fachliche Qualifikation nicht von personaler zu trennen:

Der oder die ideale Schultherapeut/in:

* hat sich, auch gern über ein psychologisches, pädagogisches oder sozialpädagogisches Studium oder langjährige erzieherische Erfahrung hinaus, intensiv mit dem Feld Therapie und dem Seelenleben von Kindern und Jugendlichen auseinander gesetzt;
* beherrscht Methoden und intermediale Arbeitsweisen kreativtherapeutischer Verfahren (etwa der Musiktherapie etc.), da gerade bei Kindern und Jugendlichen der Zugang über das Medium sehr positiv einzuschätzen ist;
* ist gut vernetzt mit den Schülern, den Kolleginnen und der Schulleitung und wahrt zugleich ausreichend Distanz, um erfolgreich arbeiten zu können, ist vernetzt und nicht verstrickt;
* geht gern und offen auf Kinder zu und weiß Störungen als Ausdruck innerer Not einzuordnen;
* ist belastbar und berührbar, ohne in eigenen kindlichen Geschichten zu „versinken";
* nutzt regelmäßig Fallsupervision und ist vernetzt mit anderen Therapeut/innen und Stellen der Hilfe;
* verfügt über ausreichend Selbsterfahrung und Erfahrungen im praktischen Umgang mit Kindern;

- hat Spaß und Freude am kindlichen Spiel und ein Herz für Kinder;
- ist in Kontakt mit ihren eigenen Gefühlen, mit ihrer (kindlichen) Seele und damit resonanzfähig, kann Gegenüber, Spiegel und nährend sein und redet nicht nur über Seelisches, sondern macht es erleb- und wandelbar;
- hat die eigene Geschichte mit Eltern und Lehrer/innen ausreichend supervidiert, „blinde Flecken" wurden bearbeitet und werden nicht ausagiert.

Wünschenswert wäre, dass die „Berufsfeldaneignung Schultherapie" nicht von engagierten Menschen in Einzelaktion geleistet werden muss, sondern ein Beruf wird, der nach festen Strukturen und Konzeptionen eine praxisnahe und theoriegestützte Ausbildung ermöglicht, den unmöglichen Beruf so endlich möglich werden lässt. In Anbetracht der in Deutschland vorliegenden Unterversorgung mit Kinder- und Jugendlichentherapeut/innen erscheinen neue Aus- und Weiterbildungswege dringend angezeigt. Die Zusatzqualifikation von erfahrenen Pädagog/innen im Sinne einer Spezialisierung für emotionale und soziale Förderung ist ebenso wünschenswert wie eine Weiter-Qualifizierung von Therapeut/innen, Psycholog/innen und Sozialarbeiter/innen zu Fachtherapeut/innen für Kinder und Jugendliche in Schulen. Für Studierende der Psychologie könnte ein Fachbereich klinische Schulpsychologie neu zu denken sein, mit einer deutlichen Verlagerung und frühzeitigen Ausrichtung auf klinisch-therapeutische Anteile der Kinder/Jugend- und Schulpychologie. Dies erfordert interdisziplinäre Vernetzungen, dies erfordert auch, dass im Praxisfeld tätige Therapeut/innen der Kinder-/ Jugend-/ und Kreativtherapie verstärkt in die universitäre Lehre engagiert werden, wie es zunehmend von innovativ denkenden Hochschullehrer/innen gefordert wird. Die im Rahmen der Hochschultätigkeit gewonnenen ersten Erfahrungen der Vernetzung von universitärer Lehre und klinisch therapeutischer Praxis im Sinne angewandter Psychotherapiewissenschaft des Kindes können positiv eingestuft werden. Eine frühzeitige Spezialisierung von Kreativtherapeut/innen, wie etwa Musiktherapeut/innen, auf die

Arbeit mit Kindern und Jugendlichen sowie „Kreative Therapie in Schulen" als Schwerpunktbildung kreativer Studiengänge scheint dringend angezeigt.

Die Aus- und Weiterbildung von Lehrer/innen erfordert dringend die Hinwendung zum Seelischen, die Förderung individueller personaler und psychischer Kompetenzen: also Sensibilisierung für eigene Emotionalität und Soziabilität ebenso wie für die von Kindern, eine Hinwendung zur eigenen und zur kindlichen Seele. Um Missverständnissen vorzubeugen: nicht alle Lehrer/innen sollen Therapeuten werden, sondern sie sollen so qualifiziert werden, dass sie erkennen können, wann therapeutische Hilfe dringend angezeigt ist. Dies ist jedoch kaum möglich über ausschließlich kognitives Erfassen, sondern indem Lehrer/innen endlich selbst erfahrend lernen dürfen, wie sie sich in die kindliche Seele einfühlen können.

Wichtiges zum guten Schluss

Ohne andere Menschen wäre dieses Buch nicht entstanden: wichtig waren so viele! Es ist mir ein Herzensanliegen, denen, die für das Zustandekommen zentral waren, einen Raum zum Schluss geben.

Im besonderen danke ich Dr. Udo Baer, der den Anstoß gab, meine schulische Arbeit zu evaluieren und das Buchprojekt so wunderbar unterstützte, nicht zuletzt auch noch durch sein engagiertes Lektorat. Seine leiborientierten Entwicklungsarbeiten, und damit natürlich auch die seiner Frau Gabriele Frick-Baer, bilden Pfeiler und Grundlage meiner schulischen Arbeit – beider Verbundenheit hat mich in vielerlei Hinsicht in besonderem Maße getragen.

Auch meine Schulleiterin Marie Steves-Rombey war zentral für das Gelingen dieser Pionierarbeit, gab sie doch von Anfang an innovativen Gedanken und Konzepten Raum, ermöglichte den so notwendigen Rahmen, machte das „Unmögliche" möglich. Dafür einen großen Dank an sie wie auch an die Kolleg/innen meiner Schule in Rheydt-Mülfort, die Neues in großer Offenheit annahmen und umsetzten, insbesondere als Abteilungsleitung 5/6 Charlotte Tillmann. Ich danke Bernadette Lauenroth-Haep und Heike Vrye für ihre offenen Ohren und aufrichtigen Resonanzen, Christiane Hecker und Lu Faber für das wiederholte Mutmachen, den Weg der Musiktherapeutin in der Schule zu gehen – ohne euch, meine Lieben, hätte ich es wirklich nicht gewagt! Wie auch nicht, einmal mehr, ohne meine wunderbaren Töchter Anke, Maren und Inga Geiser. Ich danke Elke Haubold und Ute Torspecken Lobo de Miranda für ihre Rückmeldungen zum Manuskript und ganz besonders allen Schülerinnen und Schülern der Gesamtschule Rheydt-Mülfort, die sich von Anfang an so vertrauensvoll einließen und mich an ihren Weiterentwicklungen und ihrer Kreativität teilhaben ließen und mich damit reich beschenkt haben.

Anhang

Förderung durch Kreative Therapie an der Gesamtschule Rheydt-Mülfort – eine Evaluation

Dr. Udo Baer

1   Die Evaluation

Seit 1999 bietet Waltraut Barnowski-Geiser an der Gesamtschule Rheydt-Mühlfort individuelle Förderung durch kreative Therapie an. Die Förderung besteht in therapeutischer Einzelarbeit und in einem therapeutischen Gruppenangebot, „Musikförder" genannt. Als Basismedium wurde somit Musiktherapie genutzt, das Angebot wurde später um andere Elemente kreativer Therapien erweitert.

Im Sommer 2008 beschlossen Schulleitung und Schulkonferenz, dieses Angebot wissenschaftlich auszuwerten. Die Evaluation wurde von der Semnos-Akademie der Zukunftswerkstatt *therapie kreativ* unter der Leitung von Udo Baer in Zusammenarbeit mit Waltraut Barnowski-Geiser durchgeführt und im April 2009 abgeschlossen.

Zur Evaluation gehörten:
- die Auswertung der schriftlich vorliegenden Konzepte und Notizen
- Interviews mit der Schulleiterin und zwei Lehrerinnen
- Leitfadeninterviews mit 10 beteiligten Kindern
- Interviews mit Waltraut Barnowski-Geiser

Der folgende Evaluationsbericht umfasst:
- einen Sachbericht über das Angebot (Baer)
- eine Zusammenfassung der Evaluation der Erfahrungen und Ergebnisse (Baer)

Eine Kurzdarstellung des KreTAS-Konzeptes (Barnowski-Geiser) wurde in dieser Fassung gekürzt, da sie in einem Buch veröffentlicht wird, das eine ausführliche Darstellung des KreTAS-Konzeptes enthält.

2   Das Angebot

Das Angebot individueller Förderung durch Musiktherapie wurde so konzipiert, dass es grundsätzlich allen Schülerinnen und Schülern offen stand. Besondere Indikatoren waren:

- Probleme im Lernverhalten (z. B. extreme Unruhe, ADHS/ADS, Disziplinmangel, Wahrnehmungsprobleme, massives Störverhalten)
- Entwicklungsprobleme (Verzögerungen in der Entwicklung, Pubertätsproblematik, sexuelle Identitätsbildung)
- Schulangst/Schulverweigerung/starker Rückzug, Mutismus
- Ess-Störungen (Bulimie, Magersucht)
- Selbstwertprobleme
- Hoch- und Niedrigbegabung
- soziale Anpassungsschwierigkeiten (Außenseiterproblematik/ständige Streitereien mit Mitschülern und Lehrern etc.)
- familiäre Belastungssituationen/Trennung
- Schwierigkeiten in der Eltern-Kindbeziehung
- Schwierigkeiten in Lehrer-Schülerbeziehungen
- Gewalterfahrungen/Gewaltbereitschaft/posttraumatische Belastungsreaktionen und starke Kränkungen
- Verlust von Bezugspersonen/Tod nahestehender Personen
- Probleme durch Fremdunterbringung, Vor- und Nachbereitung von stationären Aufenthalten

Eine günstige Prognose für die Hilfestellung durch Kreative Therapie galt ebenso als Aufnahmekriterium wie die Bereitschaft der Eltern zur Beteiligung an der Therapie.

Der Zugang zur individuellen Förderung durch Musiktherapie war klar geregelt. Am Anfang stand der Wunsch bzw. Vorschlag eines Lehrers bzw. einer Lehrerin, einer Beratungslehrerin oder -lehrers oder eines Kindes. Dazu wurde ein Beratungsformular ausgefüllt. In Absprache mit der Abteilungsleitung wurde dann ein Gespräch zwischen Lehrer/in, Schüler/in und Therapeutin durchgeführt. Stimmten alle Beteiligten einer Förderung durch Therapie zu, wurde ein Gespräch zwischen Schüler/in, Eltern und Therapeutin angesetzt. Wurde auch hier Einvernehmen erzielt, begann die Therapie.

Für den Therapieverlauf wurde ein halbes Jahr angesetzt, in Ausnahmefällen war eine Verlängerung möglich. Während der Therapie und zum Abschluss findet ein weiteres Gespräch mit den genannten Personen statt.

Für die Beratung und Therapie wurde ein besonderer Raum eingerichtet und mit Musikinstrumenten und kreativen Materialien ausgestattet.

Das Angebot bestand in Einzelförderung und in einer musiktherapeutischen Gruppe.

Zur Frage, warum gerade Musiktherapie ein sinnvolles Förderangebot ist, hieß es im Eingangskonzept von Frau Barnowski-Geiser:

„Kinder und Jugendliche hungern nach Resonanz und Anklang. Musiktherapie ist ein Resonanzprozess. Gemeint ist mit Resonanz hier nicht nur der physikalische Begriff der Schwingung, also etwa Amplituden und Frequenzen, sondern weiter gefasst zum einen das musikalische Miteinanderschwingen von Menschen und Instrumenten (oder Musik aus der Konserve), zum anderen auch die Erlebnisqualität Resonanz. Im musikalischen Dialog findet sowohl musikalische Resonanz als auch Resonanz des Erlebens statt und qualifiziert diesen damit zu einem probaten Mittel in der Arbeit mit sogenannten schwierigen Schüler-/innen. Diese neuartigen Erfahrungen können im Hirn neuronal vernetzt werden, das aktive musikalische Tun ebnet neue, synaptische Trampelpfade."

Auch wenn Musiktherapie nicht immer alle Symptome beseitigt, so ermöglicht sie dennoch, dass Kinder sich ein Stück anders erleben, vielleicht ein bisschen ‚richtiger' und ‚wertvoller', so kann hier der geschützte Ort sein, von dem aus sich ein Schüler entfalten kann, um mit neuen Schwingungen in die Klasse zu gehen. Im Erhören und Resonanz-Schenken liegt die Chance, Innenansichten ins Außen zu bringen, Erleben zu wandeln, neue Perspektiven und Anklänge zu ermöglichen, Wahl- und Spielmöglichkeiten zu erweitern.

Musiktherapie kann besonders da hilfreich sein für Schüler-/innen, wo Worte nicht (er)-reichen, weil:

- Hocherregung und Gefühl unmittelbaren Ausdruck erfährt mit und in Resonanz mit dem gesamten Menschen (Körper, Seele und Geist) gearbeitet werden kann
- Klänge Unaussprechbares mitteilbar machen
- sie eine Möglichkeit bietet, sich zu richten, neue Orientierungen zu finden
- ein Gegengewicht zum „Ich bin falsch", dem fehlenden Selbstwert, der sich oft unter der Fassade des besonders „Cool-Seins" verbirgt, entwickelt werden kann, indem ein abwertungsfreier Spielraum zur Verfügung gestellt wird
- neue Ressourcen und Handlungsstrategien entwickelt werden
- Beziehungsstrukturen im musikalischen Dialog hörbar und veränderbar werden

Als Therapie-Ziele wurden von Waltraut Barnowski-Geiser definiert:„Therapie ist etwas anderes als Unterricht. Hier verfolge ich keinesfalls operationalisierbare Lernziele, sondern allenfalls Absichten. Meine Absicht ist es etwa, verhärtete Muster („Immer wenn mir einer zu nahe kommt, dann raste ich aus.") aufzuweichen. Die Zielvereinbarungen werden hierbei individuell getroffen, dienen als Orientierung.

Der therapeutische Prozess ist grundsätzlich offen angelegt.

Ich identifiziere mich mit folgenden Grundzielen:
- Achtung von Würde
- Stärkung von Selbstwert, Eigen-Sinn und Sozialkompetenz
- Erhöhung von Wahlmöglichkeiten
- Wiederbelebung der Leiblichkeit

Waltraut Barnowski-Geiser war und ist Lehrerin für Musik und Deutsch und Beratungslehrerin an der Schule, darüber hinaus Musiktherapeutin und Kreative Leibtherapeutin.

3   Erfahrungen und Ergebnisse

Zusammenfassend kann festgestellt werden, dass von allen Beteiligten die Individuelle Förderung durch Musiktherapie an der Schule positiv bewertet wird.

Rückmeldungen: die Schüler/innen

Von den insgesamt ca. 200 geförderten Schüler/innen wurden 10 nach dem Zufallsprinzip ausgewählt und befragt. Viele der Befragten hatten neben Schulschwierigkeiten zusätzliche gravierende Probleme, die sie in die Therapie mitbrachten: Trennung der Eltern, süchtige Eltern, Ritzen und anderes selbstverletzendes Verhalten, Familienprobleme, Essstörungen. Alle Kinder bewerteten die therapeutische Begleitung als positiv. Nach Zensuren befragt gaben sie ihr Noten zwischen 2 plus und 1 plus.
Einige Antworten und Anmerkungen zu den einzelnen Fragen:

1) Was fällt dir ein, wenn du an deine Zeit in der schulischen Therapie denkst?
Die meisten Schüler/innen antworteten, dass sie sich „freier fühlen" und an „Erleichterung" denken. Betont wurde, dass es „bei aller Schwere Spaß gemacht" habe und dass die Therapie nicht nur darin bestand, „Probleme zu bereden, sondern auch Kreatives zu tun, Schönes zu erfahren". „Nicht wie man sich das allgemein vorstellt, so rumzureden, sondern ich konnte mir selbst die Lösungen, z. B. über Instrumente, erarbeiten."

2) Wie war es davor, wie danach? Kannst du das mit einem Klang oder Bild darstellen?

Bei allen waren deutliche Unterschiede hörbar und sichtbar, z.B.:

Vorher: Chaotisch: Kalabasse. „Ich war so laut, dass man davon Ohrenschmerzen bekam. Und schlecht in der Schule."

Nachher: Djembe. „Ich habe mehr Struktur, bin konzentrierter und motivierter, habe mehr Schwung."

Vorher: Spielt zu Beginn auf einer Djembe tiefe Töne, dann auf einer anderen Djmebe noch tiefere Klänge. „Beim Hingucken wurde es erst mal noch schwerer. Es gab ne Zuspitzung, indem ich nicht mehr vor meinen Gefühlen geflüchtet bin."

Nachher: Kalimaba, hellere Klänge. „Ich weiß jetzt, wie ich Probleme angehe. Ich weiß jetzt, dass ich stark bin. Ich hatte wieder Hoffnung und glaubte an mich.

Vorher: „Ich war alleine, verlassen, depressiv, ein richtiger Einzelgänger."

Nachher: „Ich bin integriert, bin offener geworden."

3) Wie hat sich die Therapie ausgewirkt? Woran merkst du das?

Die Mehrheit erwähnte bessere soziale Kontakte, z. B.: „Kann besser über mich reden." „Habe Vertrauen zu anderen Menschen bekommen und traute mich wieder auf Mitschüler zu."

Andere machen die positiven Auswirkungen an verschiedenen anderen Aspekten fest:

„Bin selbstbewusster geworden." „Ich lasse Gefühle zu. Was ich früher nicht konnte."

„Ich ziehe mir Schlimmes nicht mehr rein, ich weiß nun, dass Leute selber ihre Probleme lösen können." „Kann besser aufpassen, habe bessere Zensuren."

Drei Kinder erwähnen, dass sie sich weniger traurig und weniger aggressiv fühlen und dass dies auch von Freund/innen bemerkt wird.

4) Worauf führst du Veränderungen zurück, was hat dir geholfen?

Die Hälfte der Befragten erwähnten als Grund der Veränderungen, dass sie „sich mal aussprechen" konnten und „dass mal jemand zuhört". Als wichtig wurde die Haltung in der Therapie benannt: „gemeinsam auf die Suche gehen", „gegenseitiges Vertrauen" und „dass ich so sein kann, wie ich bin".

Als dritter Faktor wurden die kreativen Methoden erwähnt, einerseits um so „'nen Ausdruck für das finden, worüber man sonst nicht reden kann", andererseits als Möglichkeit, über Musik und anderes konkrete Hilfswege zu entdecken, z. B. „durch Schreiben einen anderen Weg nach draußen lernen, als die Wut gegen mich zu richten". Betont wurde, wie wichtig es war, auch „ganz konkrete Unterstützung zu bekommen" und „klare Hilfestellungen".

5) Wie schätzt du es ein, dass die Therapie in der Schule stattfand. Welche Vor- und Nachteile hatte das für dich?
Zwei Schüler/innen erwähnten als Nachteil: „Unterricht versäumen". Betont wurden die Vorteile. Vier erwähnten, dass die direkte Verbindung zur Therapeutin gut war und kein zusätzlicher Zeitaufwand notwendig war. Zwei Schüler/innen erwähnten als Vorteil: „Weil ich mich danach besser konzentrieren konnte am Schulmorgen."

Ebenfalls als Vorteil wurde von der Hälfte der Beteiligten erwähnt: „Die Anwesenheit der Therapeutin in der Schule wirkte beruhigend, da man im Notfall hin konnte." Auch wurde genannt, dass die Bekanntheit der Therapeutin über die Schule Vertrauen schaffte.

„Ich wäre nie in Therapie gegangen, wenn es das nicht in der Schule gegeben hätte. Weder meine Eltern hätten gesucht, noch ich. Ich konnte nur gehen, weil ich wusste, wer, wo und weil andere so positiv davon erzählt haben. Sonst hätte ich mich nie getraut."

6) Was fällt Wie haben deine Freunde, deine Lehrer darauf reagiert, dass du Therapie gemacht hast? War es geheim, offen oder?
Alle Befragten hatten mit der Akzeptanz der Therapie in ihrem Umfeld keine Probleme und gingen offen damit um. Zum Beispiel:

„Alle wussten davon, war kein Thema. Wichtig war, dass die Therapeutin sehr beliebt ist unter den Schülern, damit fanden das auch alle gut, wenn man da hin geht."

„Niemand ist drauf eingegangen, war ganz normal, da ja viele aus der Schule hingehen. Meine Freunde fanden das eher gut, weil sie merkten, dass ich dringend Hilfe brauchte und sie damit auch nicht mehr so alleine waren."

7) Glaubst du, dass andere Schulen auch Therapie anbieten sollten?

Auch diese Frage wurde von allen Befragten bejaht. Einige Antworten:

„Auf jeden Fall, wenn Kinder über ihre Sorgen reden können, können sie anschließend besser aufpassen."

„Therapie in der Schule macht möglich, dass Probleme für Kinder schneller zu lösen sind. Die müssen gar nicht erst so riesig werden."

„Ja, in jedem Fall. Ich kenne andere Kinder aus anderen Schulen, die haben Megaprobleme, wissen aber nicht, wohin. Nach außerhalb trauen die sich nicht."

„Ja, weil viele Kinder zu fremden Therapeuten kein Vertrauen haben."

8) Hat sich dein schulisches Verhalten verändert? Deine Kontakte zu Mitschülern, Lehrern, Freunden?

Bei vier der Befragten ist es gleichgeblieben, bei der Mehrheit hat sich das Verhalten in der Schule verbessert. „Ich habe wieder Freunde, weil ich Vertrauen habe, was ich vorher nicht mehr hatte."

Die meisten führten auf die Therapie zurück, dass sich ihre Leistungen besserten:

„Bin nicht mehr schlecht drauf, habe dadurch bessere Leistungen." „Habe mehr Lust zu lernen und dadurch bessere Zensuren." „Ich fing an wieder gern zu lernen."

9) Welche Rolle spielten Musik/ Malen/Kreativität?

Sie wurde von allen Befragten als positiv erfahren:

„Ganz wichtig, fehlt massiv in anderen Therapien. Sind Mittel, um an die tiefen Gefühle zu kommen."

„Sind seitdem für mich ein wesentliches Ausdrucksmittel. Habe angefangen Instrumente zu lernen. Musik ist jetzt mein Leben."

„Ich liebe Musik so sehr. Es ist sehr attraktiv, auf den tollen Instrumenten spielen zu dürfen."

„Wichtig, um Problemlösungen zu finden, die man sich nicht hätte ausdenken können."

„Ich konnte mit Bildern ausdrücken, was ich mit Worten nicht hätte sagen können." „Musik spricht mich weniger an. Wichtig war für mich die Körperbildarbeit, da konnte man ganz genau sehen, wo welcher Schmerz sitzt. Das war sehr wichtig für mich."

Rückmeldungen: Schulleitung und Lehrer/innen

Auch von Seiten der befragten Mitarbeiter/innen der Schule wurde das Angebot individueller Förderung durch kreative Therapie uneingeschränkt als positiv bewertet. Die Befragung ergab einige fachliche und organisatorische Hinweise:

Als besonders notwendig wird das Angebot für Jungen mit besonderen Auffälligkeiten eingeschätzt, die von Aggressivität über ADHS bis zum Verstummen reichen. Als zweite Personengruppe werden v.a. Mädchen mit traumatisierenden Erfahrungen hervorgehoben. Betont wird, dass das Angebot auch für sich zurückziehende Kinder, die nicht „stören", sondern eher durch eine Traurigkeit auffielen, besonders geeignet war.

Als Ergebnis der Förderung wird berichtet, „dass die Kinder sich besser integrieren, ruhiger oder aufgeschlossener werden, also für den Lehrer oder für die Lehrerin einfacher in den Unterricht zu integrieren sind". Die Musiktherapie wird als „große Entlastung" erlebt, die die Arbeit mit den Schüler/innen in der Klasse ergänzt. Vor allem fiel auf, dass sich die beteiligten Kinder „mehr geöffnet" haben.

Als besonders wichtig wird die Integration des Angebots in die Schule eingeschätzt. Es gab am Anfang Unsicherheit und Unklarheiten über das neue Angebot. Diese wurden durch kontinuierliche Information aufgehoben. Das Konzept wurde in den Gremien vorgestellt, wichtiger noch war die Information durch die konkrete Zusammenarbeit.

Für die Akzeptanz des Angebots relevant war auch, dass „klare Wege definiert" wurden, wie die Schüler/innen Zugang zu dem Angebot finden konnten und wer wie und wann einbezogen wurde.

Positiv bewertet wurde, dass Frau Waltraut Barnowski-Geiser als Therapeutin gleichzeitig Beratungslehrerin war und um die Probleme der Lehrer/innen-Tätigkeit aus eigener Erfahrung wusste. So wurden mögliche Frontstellungen vermieden und fruchtbare Kooperation ermöglicht. Die Akzeptanz von Frau Barnowski-Geiser sei in der Lehrerschaft sehr hoch gewesen, auch weil sie Probleme aus der Sicht verschiedener Rollen einschätzen konnte.

Auch der Informationsfluss aus der Therapie in den Schulalltag wurde als nützlich eingeschätzt. Bei aller gebotenen Vertraulichkeit in der Therapie konnten (und durften mit Erlaubnis der Kinder) bestimmte Informationen und Einschätzungen von Veränderungen an Klassenlehrer/innen weitergegeben werden, was diesen geholfen hat.

Die Organisation des gruppentherapeutischen Angebots hat sich verändert. Anfangs wurden die Kinder aus dem Regelunterricht herausgenommen und parallel therapeutisch gefördert. Das führte zu Kritik wegen des damit verbundenen Unterrichtsausfalls. Deshalb wurde dann je eine Stunde im Unterricht einer Klasse für Fördermaßnahmen geblockt, es fanden in dieser Zeit neben der Therapie parallel mehrere Förderangebote statt. Diese Regelung führt seitdem zu organisatorischen Vereinfachungen, reduziert aber die Flexibilität, Kinder in die therapeutische Förderung zu senden.

Allen Äußerungen gemeinsam war, dass diese Art von individueller Förderung von der Kapazität zu gering war und ist. Der Bedarf ist größer: „Wir brauchten mehr Menschen, die wie Frau
Barnowski-Geiser arbeiten."

Rückmeldungen: die Therapeutin/Lehrerin

In Interviews mit Frau Barnowski-Geiser wurden die langjähri-
gen Erfahrungen der individuellen Förderung durch Musiktherapie bzw. kreative Therapie reflektiert. Wichtige Ergebnisse, die
für eine ähnliche Arbeit an anderen Schulen relevant sind, waren:

-   Die größte Freude an der therapeutischen Arbeit mit den Kin-
    dern an der Schule besteht darin, die Veränderungen an den
    Schüler/innen zu beobachten.
-   Voraussetzung für den Aufbau des Angebots war, dass es sei-
    tens der Schule und v.a. der Schulleitung eine große Offen-
    heit für Neues und für Therapie gab. Sonst ist ein solches
    Angebot nicht möglich.
-   Am Anfang bestand eine Hauptaufgabe darin, das therapeu-
    tische Angebot verständlich zu machen. Gab es anfangs Ten-
    denzen, v.a. Kinder zu schicken, bei denen alle anderen
    Fördermöglichkeiten ausgereizt waren, wurde nach und nach
    ein Verständnis entwickelt, was Therapie als individuelle
    Förderung an der Schule sinnvoll leisten kann.
-   Frau Barnowski-Geiser war in der ersten Zeit damit beschäf-
    tigt, ihre Rollen als Lehrerin und als Therapeutin klar zu tren-
    nen. „Lehrerin – das bedeutet, Ziele zu verfolgen und mit
    Noten zu bewerten. Therapie beinhaltet, v.a. prozessorientiert
    zu arbeiten und die Kinder darin zu unterstützen, eigene Be-
    wertungen zu entwickeln. Für die Kinder sei die Trennung
    nicht das Problem gewesen. Für sie war es positiv, dass die
    Therapeutin als Lehrerin bekannt und vertraut war (was auch
    die Befragungen der Kinder ergaben haben). Als Regelung
    wurde gefunden, dass in das therapeutische Angebot keine
    Kinder aufgenommen wurden, bei denen die Therapeu-
    tin/Lehrerin Deutschunterricht hatte.

- Es ist sinnvoll, als Therapeutin an der Schule die Probleme als Lehrerin zumindest zu kennen. In der Einzeltherapie kann versucht werden, das einzelne Kind, z. B. mit ADHS, zu unterstützen. Als Lehrerin müssen die Belange aller Kinder der Klasse im Auge behalten werden. Um diese unterschiedlichen Perspektiven muss man wissen.
- Wenn sowohl Lehrer/innen als auch Eltern einer Therapie ablehnend gegenüber stehen, erscheint diese schwierig. Die Kinder brauchen mindestens eine verbündete oder potenziell verbündete Person, die die Therapie mit trägt.
- Im Dreieck Kind-Schule-Eltern ist die Einbeziehung der Eltern wichtig. Man kann diese nicht zur alleinigen Vorbedingung machen, muss aber alles versuchen, um sie herzustellen. Das gelang öfter, als anfangs erwartet.
- Als wichtig hat sich herausgestellt, den möglichen Rahmen therapeutischer Förderung an der Schule zu definieren. Eine Therapie von einem halben Jahr ist ein sinnvoller Unterstützungs- und Interventionsrahmen. Langfristigere Psychotherapien sollten außerhalb der Schule geleistet werden.
- Individuelle Förderung durch Musiktherapie bzw. Kreative Therapie an der Schule braucht den Aufbau eines Netzwerks psychosozialer Hilfen um die Schule herum.

Dr. Udo Baer
Dr. phil., Dipl. Pädagoge, Kreativer Leibtherapeut, Gesamtausbildungsleiter der therapeutischen Aus- und Fortbildungslehrgänge, Mitbegründer, Geschäftsführer und Dozent der Zukunftswerkstatt *therapie kreativ*, Rektor der Semnos-Akademie. Zahlreiche Veröffentlichungen. Herausgeber der Zeitschrift *therapie kreativ*. Langjährige therapeutische Praxis.

Gesamtschule Rheydt-Mülfort
Realschulstr.14 in 41238 Mönchengladbach
02166/946670/fon;
Schulleiterin Frau Marie Steves-Rombey
E-Mail: info@gesamtschule-muelfort.de

Literaturverzeichnis

Baer, U. (2005): Neurowissenschaften, Säuglingsforschung und Therapie. Summaries, Anregungen, Folgerungen. Neukirchen-Vluyn

Baer, U. (2007): Innenwelten der Demenz. Das SMEI-Konzept. Neukirchen-Vluyn

Baer, U.; Barnowski-Geiser, W. (2005a): Hyperaktive Kinder kreativ.
Das Semnos-Konzept in Therapie und Pädagogik. Neukirchen-
Vluyn

Baer, U.; Barnowski-Geiser, W. (2005b): Innenwelten hyperaktiver Kinder. Neukirchen-Vluyn

Baer, Udo; Barnowski-Geiser, Waltraut (2009): Jetzt reden wir! – Diagnose AD(H)S und was die Kinder wirklich fühlen. Weinheim und
Basel

Baer, U.; Costagliola, R.; Frick-Baer, G. (2007): Das große Verschwin-
den und die Ge-Wichtigkeit. Wie Menschen mit Essstörungen sich
und ihre Welt erleben und wie Kreative Leibtherapie ihnen helfen
kann. Neukirchen-Vluyn

Baer, U.; Frick-Baer, G. (2004): Klingen, um in sich zu wohnen. Methoden und Modelle leiborientierter Musiktherapie. Neukirchen-
Vluyn

Baer, U.; Frick-Baer, G. (2008a): Wie Kinder fühlen. Bibliothek der Gefühle, Bd. 2, Weinheim und Basel

Baer, U.; Frick-Baer, G. (2008b): Das ABC der Gefühle. Bibliothek der
Gefühle, Bd. 1, Weinheim und Basel

Barnowski-Geiser, W. (2001): „Wenn ich nicht mehr zu Musikförder
kann, baue ich nur noch Scheiß" - Ein Plädoyer für sozialtherapeu-
tische Arbeit in der Schule. In: Praxis des Musikunterrichts. Die
Grünen Hefte. Heft 67. Oldershausen

Barnowski-Geiser, W. (2002): Übergang als Chance. Musiksoziothera-
peutische Arbeit zum 'Erwachsenwerden' in einer Realschule. In:
therapie kreativ, Zeitschrift für kreative Sozio- und Psychotherapie.
Heft 32/33. Neukirchen-Vluyn

Barnowski-Geiser, W. (2003): Einzelförderung durch Musiktherapie in
der Schule. Ein Konzept. In: *therapie kreativ*, Zeitschrift für kreative Sozio- und Psychotherapie. Heft 37. Neukirchen-Vluyn

Barnowski-Geiser, W. (2004): Klangreisen zur Leiblichkeit. In: *therapie
kreativ*, Zeitschrift für kreative Sozio- und Psychotherapie. Heft
39/40. Neukirchen-Vluyn

Barnowski-Geiser, W. (2006): Wer hilft Ben? – Vom Notstand in der Arbeit mit Kindern und Jugendlichen. In: *therapie kreativ*. Zeitschrift für kreative Sozio- und Psychotherapie Heft 45/46. Neukirchen-Vluyn.

Barnowski-Geiser, W. (2009): Musiktherapie mit hyperaktiven bzw. verstummten Kindern. In Decker-Voigt, H.-H.; Weymann,E. (Hrsg.) (2009): Lexikon der Musiktherapie. Göttingen

Barnowski-Geiser, W. (2009): Hören, was niemand sieht. Kreativ zur Sprache bringen, was Kinder und Erwachsene aus alkoholbelasteten Familien bewegt. Fachbücher *therapie kreativ*, Band 10. Neukirchen-Vluyn

Bauer, J. (2006): Warum ich fühle, was du fühlst. Hamburg

Bauer, J. (2007): Lob der Schule. Hamburg

Bowlby, J. (2008): Bindung als sichere Basis: Grundlagen und Anwendung der Bindungstheorie. München

Braun, A. K.; Meier, M. (2004): Wie Gehirne laufen lernen oder: „Früh übt sich, wer ein Meister werden will". In: Zeitschrift für Pädagogik. Heft 50. Weinheim

Breuer, H. (2002): Zellen, die Gedanken lesen. In: Spektrum der Wissenschaft. Geist und Gehirn. Heft 02/2002. Heidelberg, Berlin und New York

Bruhn, H. (2000): Musiktherapie. Geschichte – Theorien – Methoden. Göttingen

Buchheim, A. (2005): Bindung, Bindungsforscher und Psychotherapeuten. In: Kernberg, O. F.; Dulz, B.; Eckert, J. (Hrsg.): Wir Psychotherapeuten: Über sich und ihren ‚unmöglichen' Beruf. Stuttgart

Damasio, A. R. (1997): Descartes' Irrtum. Fühlen, Denken und das menschliche Gehirn. München

Decker-Voigt, H.-H.; Dunkelziffer e.V. (Hrsg.) (2005): „Der Schrecken wird hörbar". Musiktherapie für sexuell missbrauchte Kinder. Bremen

Frick-Baer, G.; Peter-Boländer, M. (2008): Bewegte Imagination in Tanz- und Tanztherapie. Neukirchen-Vluyn

Frohne-Hagemann, I.; Pleß-Adamczyk, H. (2004): Indikation Musiktherapie bei psychischen Problemen im Kindes- und Jugendalter. Göttingen

Gindl, B. (2002): Die Resonanz der Seele. Über ein Prinzip therapeutischer Beziehung. Paderborn

Hegi, F. (1986): Improvisation und Musiktherapie. Möglichkeiten und Wirkungen von freier Musik. Paderborn

Hüther, G. (1999): Biologie der Angst. Wie aus Stress Gefühle werden. Göttingen

Hüther, G.; Bonney, H. (2003): Neues vom Zappelphilipp. ADS: verstehen, vorbeugen und behandeln. Düsseldorf und Zürich

Hurrelmann, K.; Bründel, H. (2007): Gewalt an Schulen. Pädagogische Antworten auf eine soziale Krise. Weinheim und Basel

Kabat-Zinn, J. (1999): Stressbewältigung durch die Praxis der Achtsamkeit. Freiamt

Kaster, A. (2009): Stärkekarten, Glückssteine und Lebensbühnen. Kunsttherapeutische Einheiten in Schule, Kindergarten und Kinder- und Jugendlichentherapie. Fachbücher *therapie kreativ*, Band 9. Neukirchen-Vluyn

Kühn, L. (2007):Schulversagen. Schlechte Schüler, hilflose Lehrer- was in unseren Klassenzimmern falsch läuft. München

Kriz, J. (2002): Wirksamkeitsbeurteilung in der Kunsttherapie. In: Petersen, P. (Hrsg.): Forschungsmethoden Künstlerischer Therapien. Grundlagen – Projekte – Vorschläge. Stuttgart und Berlin

Langer, I. (1994): Überlebenskampf im Klassenzimmer. Was Schüler und Eltern gegen den Gewaltterror tun können. Freiburg

Largo, R.H./ Beglinger, M. (2009): Schülerjahre. Wie Kinder besser lernen. München

Mahns. W. (1996): Musiktherapie in der Schule (Schüler-PatientInnen). In: Decker-Voigt, H.-H.; Knill, P. J.; Weymann, E. (Hrsg.): Lexikon Musiktherapie. Göttingen

Menebröker, E. (2005): Vom Leid, das keiner hört. Musiktherapie mit den stillen Kindern. In: Tüpker, R.; Hippel, N.; Laabs, F. (Hrsg.): Musiktherapie in der Schule. Wiesbaden

Merleau-Ponty, M. (1966): Phänomenologie der Wahrnehmung. Berlin

Ministerium für Schule und Weiterbildung, Wissenschaft und Forschung des Landes NRW (1999): Richtlinien und Lehrpläne für die Sekundarstufe 1 – Gesamtschule in Nordrhein-Westfalen. Frechen

Richter, K. F. (1997): Erzählweisen des Körpers. Kreative Gestaltarbeit in Therapie, Beratung, Supervision und Gruppenarbeit. Seelze-Velber

Roth, G. (1997): Das Gehirn und seine Wirklichkeit. Kognitive Neuro-
biologie und ihre philosophischen Konsequenzen. Frankfurt am
Main

Schmidt-Denter, U. (2005): Soziale Beziehungen im Lebenslauf. Lehr-
buch der sozialen Entwicklung. Weinheim und Basel
Singer, K. (2009): Die Schulkatastrophe. Kinder brauchen Lernfreude
statt Furcht, Zwang und Auslese. Weinheim und Basel
Sloterdijk, P. (2007) Gottes-Eifer. Vom Kampf der drei Monotheismen.
Frankfurt am Main
Spitzer, M. (2003): Lernen. Gehirnforschung und die Schule des Le-
bens. Heidelberg und Berlin

Tölle, R. (1996): Psychiatrie. Einschließlich Psychotherapie. Berlin.
Heidelberg. New York.
Tüpker, R.; Hippel, N.; Laabs, F. (Hrsg.) (2005): Musiktherapie in der
Schule. Wiesbaden

Winterhoff, M. (2008): Warum unsere Kinder Tyrannen werden: oder
die Abschaffung der Kindheit. Gütersloh

FACHBÜCHER *therapie kreativ*

Zukunftswerkstatt *therapie kreativ*
Das Institut für kreative Leibtherapie.

Wenn Worte allein nicht reichen ...

Die **Zukunftswerkstatt *therapie kreativ*** bietet seit 1987 bundesweit Aus- und Fortbildungen in leiborientierter kreativer Therapie an, u.a.:

- **3-stufige Ausbildungen in Kreativer Kinder- und Jugendlichentherapie und Kunst-, Tanz- und Musiktherapie**

- **Fachfortbildungen zu Themen wie**

  » **Kreative/r ADS/ADHS-Therapeut/in (SEMNOS®) und**

  » **Kreative/r ADS/ADHS-Berater/in (SEMNOS®) und**

  » **Arbeit mit Kindern und Jugendlichen in belasteten Familien**

Informieren Sie sich auf unserer Webseite und fordern Sie unser kostenloses Info-Material an:

Zukunftswerkstatt *therapie kreativ*
Balderbruchweg 35, 47506 Neukirchen-Vluyn
Tel.: 02845-944974, Fax 02845-944976
info@zukunftswerkstatt-tk.de,
www.zukunftswerkstatt-tk.de

Kleine Reihe des Affenkönig-Verlags